"¡Me encanta este libro! De vez en cuando leo un libro que aviva la llama de fuego encendida en mi corazón hace años, cuando era un joven y apasionado transformador del mundo. Me encanta leer este tipo de libros. Todavía sigo siendo un hombre fanático, enfocado, desequilibrado y apostólico. Ahora estoy más viejo, pero también más ferviente que nunca. Si buscas un libro inteligente y apasionado, que te impulse a soñar cosas grandes acerca de cómo un cambio puede empezar a través de tu vida y que te de herramientas prácticas para ayudarte a implementar esos sueños, ¡entonces lee *Movimientos que Cambian al Mundo!*".

Floyd McClung
Autor de *You See Bones, I See an Army: Changing the Way we do Church and Living on the Devil's Doorstep*

"Hay muy pocas personas que verdaderamente han estudiado, analizado y entendido los movimientos de multiplicación de iglesias. Mi amigo, Steve Addison, es una de ellas. He esperado su obra por mucho tiempo y estoy contento de reportar que es mejor de lo que esperaba. Steve incluye sus años de investigación y sintetiza su enorme cantidad de experiencia, sabiduría e investigación en un libro que es muy fácil de leer".

Neil Cole
Autor de *Organic Church* **y** *Organic Leadership*

"Steve me ha estado comentando sobre este libro por años. Me ha hablado acerca de su contenido en muchas ocasiones. Los capítulos son el resultado de muchos años de experiencia y pensamiento, y el producto final no me ha decepcionado. Los pensadores y exponentes con pasión por las misiones querrán leer y releer este libro".

Dr. Martin Robinson
Coautor de *Metavista: Bible, Church, and Mission in an Age of Imagination*

"Un libro importante para nuestros tiempos —bien investigado, bien escrito, y bien organizado. Steve identifica las cualidades esenciales que han definido a los movimientos del Espíritu a lo largo de los tiempos. Las historias que cuenta —bíblicas, del pasado, contemporáneas y personales— nos dan esperanza para los nuevos movimientos de Dios en la actualidad".

Dr. Robert E. Logan
Autor de *Be Fruitful and Multiply*

"Mientras leía tu manuscrito, sentí que había conocido a un hermano perdido. Tuve que leerlo de una sentada porque me mantuvo atento de principio a fin. ¡Es un excelente trabajo, hermano! Esta será una contribución valiosa a nuestro creciente entendimiento de los movimientos para plantar iglesias así como su historia, alcance y naturaleza. Me encanta como has hecho una mezcla de contribuciones de la sociología, historia, las Escrituras, estudios de casos contemporáneos e incluso experiencias personales. Voy a recomendar este libro a todas las personas que conozco. ¡Gracias por recordarnos de forma tan contundente que Jesús no vino a fundar una religión, sino un movimiento!".

David Garrison
Autor de *Church Planting Movements:*
How God is Redeeming a Lost World

"Adaptativo, innovador, y absorbente". Esas palabras caracterizan los movimientos que Steve Addison describe en su libro. También describen al libro —empieza a leerlo y no podrás soltarlo. Yo no pude hasta que termine de reorganizar mi forma de pensar. ¡Este libro es indispensable!".

Ralph Moore
Autor de Cómo *Multiplicar su Iglesia*

En su libro, Steve Addison demuestra el deseo de Dios desde los tiempos bíblicos hasta el día de hoy. Presenta una contundente visión futura al trazar las lecciones discernibles de Dios en los movimientos. Steve entiende el hambre del corazón de un número creciente de individuos que queremos ver a Dios hacer algo grande. Su corazón será conmovido mientras lee *Movimientos que Cambian el Mundo*. Si usted es como yo, se sentirá impulsado a tomar un momento para orar, '¡Señor, hazlo otra vez, por el bien de nuestras comunidades y naciones —por cada hombre, mujer y niño!'".

Ed Stetzer
Autor de *Planting Missional Churches*

MOVIMIENTOS QUE CAMBIAN AL MUNDO

Cinco Claves para Extender el Evangelio

STEVE ADDISON

Traducción al español publicada por primera vez en 2020 por
100 Movements Publishing
www.100mpublishing.com
Copyright © 2020 por Steve Addison

Primera edición (Inglés) publicada en 2009 por Missional Press.
Edición revisada (Inglés) publicada en 2011 por InterVarsity Press.

Todos los derechos reservados. Ninguna parte de este libro puede ser reproducida o transmitida en ninguna forma ni por ningún medio, electrónico o mecánico, incluyendo fotocopiado, grabación o por cualquier sistema de almacenamiento y recuperación de información, sin permiso por escrito del autor. La única excepción son citas breves en reseñas impresas.

El autor no tiene responsabilidad sobre la persistencia o precisión de las URLs para páginas web de internet externas o de terceros mencionados en este libro, y no garantiza que ningún contenido en dichos sitios web sea, o seguirá siendo, precisa o apropiada.

Todas las citas bíblicas, a menos que se indique lo contrario, han sido tomadas de LA SANTA BIBLIA, NUEVA VERSIÓN INTERNACIONAL®, NVI®.
Copyright © 1973, 1978, 1984, 2011 Bíblica, Inc.™ Usada con permiso de Zondervan. Todos los derechos reservados en el mundo. www.zondervan.com
"NIV" y "Nueva Versión Internacional" son marcas registradas en los Estados Unidos
Oficina de Patentes y Marcas de Biblica, Inc.™

ISBN 9781733372763 (libro de bolsillo)

Traducido al español por Andrew y Angie James
 Henry Medina

Diseño de la portada por David McNeill, www.revocreative.co.uk
Ilustraciones internas: Peter Bergmeier

Para Michelle

¡Estos que han trastornado el mundo entero!
Hechos 17:6

CONTENIDO

Prefacio – Alan Hirsch	1
Prefacio – Bob Roberts Jr.	3
Patricio	5
Introducción	19
1 Fe al Rojo Vivo	33
2 Compromiso con una Causa	59
3 Relaciones Contagiosas	83
4 Rápida Movilización	103
5 Métodos Adaptativos	127
Conclusión	151
Lecturas Recomendadas Sobre Movimientos	163
Notas	167
Reconocimientos	179

PREFACIO
– **Alan Hirsch**

Steve y yo nos conocemos desde hace mucho tiempo. Fuimos a muchas de las mismas clases en el seminario. No pasó mucho tiempo antes de que nos diéramos cuenta que compartíamos la misma pasión por los movimientos y por su relevancia en las misiones contemporáneas. Al reunirnos en el transcurso de los años, hemos compartido muchas ideas que consideramos vitales para revertir el declive de la Iglesia al comienzo del siglo veintiuno. El resultado de estas conversaciones ha sido una de las amistades más teológicamente fértiles que he tenido en mi vida. Aunque a veces discutíamos, generalmente estábamos de acuerdo, y fuimos refinando nuestra forma de pensar, y en los últimos veinte años hemos enriquecido mutuamente nuestro entendimiento sobre este tema tan vital. Mi amistad con Steve ha sido una especie de mentoreo que me ha enriquecido como persona, y por ello estoy profundamente agradecido. Su influencia puede ser hallada en mis propios escritos sobre este tema.

Al escribir, Steve comunica un amor apasionado por Dios y su pueblo. En *Movimientos que Cambian al Mundo*, descubrirás una llamativa descripción de la dinámica de los movimientos misioneros y de cómo iniciarlos, mantenerlos y extenderlos.

Detrás de esta presentación clara y sin tecnicismos de los ejemplos de la historia y su testimonio continuo se encuentra toda una vida de investigación que une perspectivas dispares de la teología, historia cristiana, sociología, estudios de negocios, misiología, estudios de liderazgo, espiritualidad y muchas otras disciplinas. Este libro es un fruto de amor que ha tomado décadas de servicio preparar.

Basado en lecciones de la historia, impulsado por la visión de un misionero de lo que el mundo puede llegar a ser y guiado por un profundo compromiso con el cristianismo histórico y ortodoxo, este libro debe ser leído por todos los que desean redescubrir lo que significa para el cristianismo volver a ser un movimiento misionero en el occidente.

Alan Hirsch
Fundador/Director de Forge Mission Training Network y Shapevine.com.
Autor de *The Forgotten Ways* y coautor de *The Shaping of Things to Come*.

PREFACIO
– **Bob Roberts Jr.**

Tuve el privilegio de conocer a Steve por primera vez en el año 2008 durante un pequeño encuentro mundial de pastores de gran influencia, quienes ya habían establecido iglesias y que ahora estaban plantando desde las ya existentes. He leído el blog y los escritos de Steve por años, y me deleito en el hecho de que haya recopilado sus perspectivas en un libro. El estudio de los movimientos para fundar iglesias es complicado porque incluye mucha historia, hechos, y contextos —no es fácil hacerlo, ¡y a veces tampoco es fácil leerlo! Es ahí donde Steve nos ayuda.

Steve es un experto en el tema y tiene todas las credenciales académicas necesarias para identificar las cinco características centrales de un movimiento de plantación de iglesias —quizás de cualquier movimiento. Las buenas noticias son que lo hace de tal forma que nos permite a todos, no solo a los académicos, entenderlo. Después de todo, son los "discípulos ordinarios" los que van a realizarlo. Luego, proporciona ejemplos históricos y contemporáneos para ilustrar cómo funciona.

El carácter y las experiencias del autor del libro son importantes en términos de respaldar lo que está escrito. Este es otro de los aspectos en el que Steve es realmente sobresaliente. Él vive lo que habla. Ha plantado iglesias, ha estado involucrado y es reconocido como uno de los mejores líderes globales en la capacitación de plantadores de iglesias. También es un estudioso e investigador de la plantación de iglesias y los movimientos.

No solo avalo este libro, también será requisito para todos nuestros pasantes, estudiantes, y residentes leerlo. Gracias, Steve, por este gran regalo para el cuerpo de Cristo.

Bob Roberts Jr.
Pastor principal de la Iglesia North Wood en Keller, Texas
Autor de *The Multiplying Church and Globalization*

PATRICIO

> *Yo, Patricio, un pecador ignorante establecido en Irlanda, manifiesto ser obispo. Ciertamente pienso que recibí de Dios aquello que soy. Por cierto, vivo entre gentes bárbaras como extranjero y prófugo por el amor de Dios, y Él mismo es testigo de que es así.*
>
> —Patricio, En Una Carta A Coroticus

En el año 410 d. C., cuando Alarico y su ejército de visigodos invadieron Roma para saquear y robar, parecía que el fin del mundo había llegado[1]. Habían pasado ochocientos años desde la última vez que un enemigo había roto las defensas de Roma —la Ciudad Eterna, el corazón y alma del imperio más grande en la historia.

El saqueo de Roma causó conmoción a través de todo el imperio. Sin embargo, el hecho apenas fue notado en los límites del imperio —a excepción, tal vez, de los piratas irlandeses, quienes por años se habían aprovechado del retiro de la fuerza naval romana para atacar la costa occidental de Britania.

Patricio tenía dieciséis años cuando unos invasores irlandeses atacaron su pueblo en la Britania Romana[2]. Hasta ese día había vivido una vida privilegiada. Había nacido en la aristocracia británica, propietaria de tierras. Su abuelo era sacerdote, y su padre magistrado y líder de iglesia. La vida de un magistrado romano era una de honores y privilegios. La posición era hereditaria; un día Patricio gobernaría como parte de la nobleza romana en Britania. Los invasores lo atraparon junto con los siervos de la propiedad de su padre, y retornaron cruzando el mar hacia la tierra pagana de Irlanda, donde lo vendieron como esclavo. Era el año 405 d. C.

Durante los siguientes seis años, Patricio vivió la dura y solitaria vida de un esclavo, trabajando como pastor de ovejas. El aislamiento, hambre y frio le producían miseria, y la miseria le enseñó humildad. Dios trabajó poderosamente en el sufrimiento de Patricio para transformarle de adentro hacia fuera. Él liberó a Patricio de su dependencia del dinero y de su posición en la sociedad. Dios rescató a Patricio de sí mismo y le dio un corazón cautivo al amor de Cristo.

De acuerdo con Patricio, antes de su captura él no creía en el Dios viviente. Como esclavo, llegó a ver la mano de Dios en medio de sus problemas. Dios penetró a través de sus defensas, y Patricio enfrentó su incredulidad y orgullo. Más tarde, describió cómo llegó a los caminos de Dios, quien lo había estado cuidando durante todo ese tiempo. Tomó consciencia de la protección de Dios, y descubrió que Dios le amaba como un padre ama a su hijo.

Externamente, nada cambió para Patricio; seguía siendo prisionero en una tierra cruel y lejana, pero ahora veía la vida de forma diferente. La tierra de su cautiverio se transformó en la tierra de su libertad en Dios. El esclavo de los hombres se había convertido en un hijo de Dios.

El amor y el temor de Dios crecieron en él. Patricio cómo aprendió a orar continuamente mientras trabajaba. En la noche se quedaba en el bosque o en las montañas para orar. Se levantaba antes del amanecer para orar en el frio y helado invierno Irlandés. Esto no representaba ningún sacrificio para él, sino más bien un deleite; el Espíritu Santo ardía en su interior.

Una noche, Dios le habló en un sueño y le reveló que había un barco esperando para llevarlo a casa. Pero había un problema —trescientos kilómetros de territorio peligroso yacían entre él y la costa. Patricio escapó y comenzó un largo viaje a casa como un esclavo prófugo.

No existen detalles, pero Patricio logró llegar al barco y eventualmente volvió con su familia, comenzando nuevamente la vida que una vez tuvo en Britania. Posiblemente esperaba heredar la posición de su padre en la sociedad junto con todos los privilegios implicados. Más Dios, quien es el iniciador en esta historia, tenía otros planes para Patricio.

Patricio despertó una noche al sonido de las voces de personas que había conocido en Irlanda, que suplicaban, "¡te rogamos, ven y camina con nosotros nuevamente!". Su clamor penetró el corazón de Patricio. Dios lo estaba llamando a volver —y lo hizo.

Con el tiempo, y a pesar de su limitada educación y experiencia, Patricio fue ordenado como sacerdote y obispo. Más tarde, Patricio enfrentó oposición a su autoridad por parte de líderes de iglesias, pero él creía que había sido Dios quien le había asignado a él, un pecador sin educación, a ser un obispo misionero a los irlandeses.

Cuando Patricio volvió a Irlanda, habían pasado cuatrocientos años desde que Cristo había ordenado a sus discípulos ir a las naciones, pero aun así el evangelio se mantenía confinado dentro de las fronteras del Imperio Romano[3]. Dios tomó la iniciativa de transformar a un adolescente con una fe heredada en un apóstol movido por el Espíritu para llevar el evangelio hasta los confines de la tierra. El joven esclavo pastor de ovejas se convirtió en esclavo de Cristo y en un apóstol para Irlanda.

Los problemas de Patricio le habían preparado bien para su misión. A través de ellos se convirtió en un siervo comprometido con Cristo y con el evangelio. Su corazón anhelaba alcanzar a los "bárbaros" más allá de las fronteras de la civilización, y su falta de entrenamiento formal contribuyó a que tuviera una mayor apertura hacia métodos nuevos y efectivos.

En contraste, la iglesia del Imperio Romano no tenía ningún interés en llevar el evangelio más allá de las fronteras de la civilización greco-romana. Los romanos veían las tribus fuera del Imperio, tales como los celtas, los godos y los hunos como bárbaros. El mundo religioso de los celtas irlandeses contenía un sinfín de dioses, diosas, y espíritus del cielo, tierra, y agua; los celtas también creían en los poderes mágicos de sus ancestros y animales divinos[4]. Para la iglesia del Imperio Romano, estos bárbaros paganos estaban muy alejados del enfoque misionero de Dios.

Sin embargo, Patricio vio la necesidad y la oportunidad de alcanzar a estos bárbaros irlandeses. Viajó a través de Irlanda a lugares remotos y peligrosos para predicar, bautizar convertidos, y ordenar al clero para las nuevas iglesias. Desde nobles hasta esclavos, los irlandeses estaban listos para escuchar y obedecer el evangelio. Miles de ellos respondieron a la predicación de Patricio y dejaron atrás sus dioses paganos para servir al Dios viviente. Muchos de los convertidos aceptaron el desafío de Patricio de unirse a su equipo misionero.

Patricio dio a los irlandeses el regalo de un cristianismo no romano. Desde la conversión del Emperador Constantino en el año 312 d. C., el cristianismo había sido fuertemente identificado con la cultura y el poder romano. Sin embargo, Patricio liberó a Irlanda sin el apoyo de un poder imperial. En contraste, vivió y comunicó el evangelio en una manera que coincidía profundamente con las esperanzas y preocupaciones irlandesas. Él enseñó a los irlandeses que podían volverse seguidores de Cristo sin tener que ser como los romanos.

Poco a poco, el evangelio empezó a manifestarse con poder en la sociedad tribal de Irlanda. Patricio adoptó lo mejor de la cultura celta y lo redimió en servicio del evangelio. Por otro lado, peleó contra aquellos aspectos de la cultura que no concordaban con el evangelio. Puso fin al mercadeo de esclavos y, bajo la influencia del evangelio, los asesinatos y las batallas entre tribus disminuyeron. En lugar de una sociedad de guerreros, Patricio proveyó una alternativa de vida, mostrando a los irlandeses que era posible ser valiente —saber que cualquier día podían ser asesinados, traicionados, o esclavizados— y aun así ser hombres de paz sin temor a la muerte porque confiaban en las promesas de un Dios Todopoderoso[5].

Patricio enfrentó gran oposición. Tuvo que luchar con la magia de los Druidas (la poderosa casta sacerdotal de la cultura celta), y enfrentar la violencia de los jefes tribales. En una ocasión, unos creyentes recién bautizados fueron atacados por invasores británicos de la costa occidental de Britania, hogar de Patricio. Los hombres fueron degollados, y las mujeres y niños fueron secuestrados, algunos de ellos aun vistiendo sus túnicas bautismales.

Igual de angustiante era la oposición de los otros líderes de iglesia. A pesar de su rol en la conversión de gran parte de Irlanda, los escritos de Patricio dejan en evidencia que él no contaba con la aprobación de sectores influyentes de la iglesia[6]. Los peores críticos de Patricio fueron los obispos británicos, pues no les interesaba que el evangelio fuera comunicado a los irlandeses. Aunque al principio toleraron el llamado de un novato sin educación, a medida que la fe cristiana se expandió a través de Irlanda, algunos líderes de iglesia cuestionaron si Patricio era la persona adecuada para liderar un ministerio tan exitoso y potencialmente lucrativo[7].

Patricio estaba profundamente consciente de que su autoridad para predicar el evangelio venía de Dios, pero también estaba consciente de sus limitaciones y de sus innumerables críticos. Él estaba avergonzado de su falta de preparación teológica formal y de su pobre nivel de latín. Sus escritos no revelan un entrenamiento escolar, pero sí revelan el corazón de un hombre impulsado por el amor de Cristo, llevado por el Espíritu, y guiado por las Escrituras[8].

Patricio logró que las estructuras eclesiásticas sirvieran a su misión. La iglesia del Imperio Romano estaba basada alrededor de ciudades en las que los obispos locales eran supremos. Los irlandeses eran un grupo tribal y rural. A diferencia de los romanos civilizados, estos no tenían pueblos establecidos, caminos, moneda, ley escrita, burocracia gubernamental ni impuestos. La sociedad irlandesa era descentralizada, y estaba organizada en tribus lideradas por "reyes" locales[9]. De modo que Patricio descentralizó la iglesia.

El sistema Romano estaba basado en la diócesis y en el obispo. La vida de la iglesia celta giraba alrededor del monasterio, el cual era liderado por un abad. Los abades seleccionaban a los obispos, y los obispos eran dependientes de ellos.

Los equipos misioneros móviles de Patricio imitaban muy de cerca el ejemplo de Jesús y Pablo, pero no contaban con la aprobación de los líderes de la iglesia romana. Por medio de sus escritos, Patricio respondió a sus críticos de la mejor forma posible con sus limitadas habilidades literarias, pero no permitió que lo detuvieran. No solo estaba en peligro su ministerio, sino también el movimiento misionero que estaba a punto de ser desatado a lo largo de toda Britania y Europa.

A pesar de que el movimiento misionero celta no era una entidad bien organizada ni bien controlada, bajo la influencia de Patricio, olas tras olas de jóvenes irlandeses inundaron los monasterios. La mayoría de estos comenzaron en lugares remotos cuando sus fundadores se apartaron del mundo, solo para terminar siendo buscados por multitudes de jóvenes que estaban ansiosos de seguir su ejemplo[10]. Los fundadores de los monasterios respondieron al llamado de Cristo y empezaron a reunir obreros a su alrededor. Cada fundador desarrolló su propia regla para sus seguidores[11].

Los monasterios fueron lugares de devoción espiritual y enseñanza, pero también fueron centros de envío. La iglesia irlandesa tomó el carácter de un movimiento misionero. Durante siglos, Irlanda se convirtió en una base desde la cual el cristianismo se expandió a través de las Islas Británicas y gran parte de Europa occidental y septentrional, a medida que los monjes seguían el llamado de "ir en peregrinaje por Cristo"[12].

Los seguidores de Patricio compartían un amor por la literatura clásica y los poetas paganos, pero las Escrituras ocupaban el primer lugar en sus corazones y mentes[13]. Las leían con pasión, no con un falso interés académico. Aunque pocos llegaron a ser grandes teólogos, fueron conocidos por su autoridad espiritual y por su celo misionero. Jóvenes que habrían dado sus vidas en peleas entre clanes, ahora las ofrecían para sembrar el evangelio donde Cristo les guiara.

Bajo la autoridad del abad, cada base misionera tomaba decisiones para adaptarse a las necesidades y oportunidades locales. Reclutaban nuevos misioneros de entre las personas locales y los enviaban a fundar nuevos monasterios[14]. Esto hizo que el monaquismo celta fuese altamente flexible, adaptable, y trasplantable —todo lo que la iglesia del Imperio Romano no era.

Debido a que Irlanda no tenía ciudades, los monasterios que crecían rápidamente se convirtieron en los primeros centros poblados —centros de prosperidad, arte y aprendizaje sin precedentes[15]. Emergió una clara cultura cristiana celta. Durante cientos de años, misioneros y eruditos salieron de Irlanda, mientras que estudiantes de muchos lugares llegaron a Irlanda y salieron inspirados a ser misioneros. Estos monjes misioneros fundaron monasterios por toda Europa que un día llegarían a convertirse en grandes cuidades[16]. Los logros personales de Patricio fueron impresionantes, pero este movimiento misionero, inspirado por él, fue su legado más grande.

El monje irlandés Columba (521-597), nieto de un hombre bautizado por Patricio, continuó la obra de formar y guiar el movimiento misionero celta. Compartiendo el compromiso con la Biblia, el amor por Cristo y el celo misionero de Patricio, Columba y doce acompañantes partieron de Irlanda hacia la Isla de Iona, en la costa Escocesa. Allí estableció una base misionera para la evangelización de escoceses y pictos paganos. Columba entrenó y envió monjes misioneros quienes establecieron una red de monasterios. Durante siglos, Iona sirvió como centro para capacitar y enviar misioneros y para establecer otros centros de envío en Irlanda, Escocia, y el norte de Inglaterra.

A medida que el número de monasterios se multiplicaba a través de Irlanda, Britania y todo el continente Europeo, la cantidad de convertidos incrementaba y nuevos misioneros salían "en peregrinaje por Cristo" cuando sentían su llamado. Estos monasterios se convirtieron en centros dinámicos de devoción espiritual, aprendizaje, industria y evangelismo en un mundo caótico.

¿Qué papel desempeñó la iglesia romana en esta historia? Roma era el centro del poder civil y eclesiástico. La iglesia romana tenía una historia prominente cuyo origen se remontaba a los tiempos de los apóstoles. Había consolidado sistemas de organización efectivos por todo el imperio, y poseía recursos e influencia. Sin embargo, la iglesia romana estuvo extrañamente ausente en el frente de batalla de la expansión misionera.

A medida que el imperio y la cultura romana colapsaron, no fue la iglesia romana, sino la iglesia de los bárbaros celtas la que guió el camino en la tarea misionera y en la transformación cultural. Los celtas tenían a su favor su simplicidad bíblica y su devoción a Cristo. Ellos moldearon la estructura y metodología de sus iglesias para encajar en su cultura y propósito misionero. Roma tenía los recursos, pero los seguidores de Patricio tenían el celo.

Patricio murió en el año 461. Mientras la parte occidental del Imperio Romano colapsaba y la oscuridad se expandía por gran parte de Europa, la luz del evangelio brillaba fuertemente desde la remota Irlanda. Por los próximos quinientos años, la juventud irlandesa y sus discípulos se dispersaron por toda Europa, ganando convertidos, haciendo discípulos y multiplicando bases misioneras. Donde quiera que fueran, llevaban consigo sus libros y sus deseos de aprender. Revitalizaron la cultura Europea y posiblemente salvaron la civilización luego de del colapso del Imperio Romano.

Características De Un Movimiento Misionero

Dios toma la iniciativa. Dios escoge a gente que nadie imaginaría, lejos del centro del poder eclesiástico, y él obra transformándolos desde adentro hacia afuera. Él inspira perspectivas innovadoras respecto a su misión y el modo en que debe llevarse a cabo. Se redescubren verdades y prácticas bíblicas. Un equipo creciente de personas ordinarias emerge, con una fe genuina y un celo misionero sin límites. A pesar de la oposición de la iglesia existente y de poderosas influencias dentro de la sociedad, el evangelio llega a campos no alcanzados. La iglesia existente es renovada, y la sociedad es transformada.

Tarde o temprano, todo movimiento declina; deja de valorar el tesoro guardado en el mundo por venir, y comienza a confiar en los tesoros que ha encontrado en este mundo. Mientras tanto, Dios va en búsqueda de otro niño pastor solitario que padece frio, hambre, y está lejos de su casa.

El patrón del ciclo vital de nacimiento, crecimiento, madurez, y declive es un tema recurrente en la historia. Este libro trata sobre las características de los movimientos misioneros en sus expresiones más dinámicas. En la historia de Patricio podemos identificar cinco características de los movimientos que cambian al mundo.

Una fe al rojo vivo. Los movimientos a menudo comienzan con individuos como Patricio, cuyas vidas han sido deshechas y redirigidas por la intervención de Dios. Sus ejemplos inspiran a otros, y el movimiento comienza a extenderse, alimentado por la energía de una fe al rojo vivo. Esta historia de un gran movimiento misionero comenzó con un adolescente quebrantado, solitario, y derrotado. Él perdió su hogar, su familia, y su posición en la sociedad. Lo perdió todo, pero encontró el amor de Dios en Cristo y un llamado a predicar el evangelio.

Los movimientos que cambian al mundo pueden llegar a poseer recursos, aprendizaje, y poder, pero no comienzan con estas cosas. Los movimientos misioneros empiezan con hombres y mujeres que han tenido un encuentro con el Dios viviente y se entregan en amorosa obediencia a su llamado.

Compromiso con una causa. Nada era más importante para Patricio y sus seguidores que su fe en Cristo y su causa. Ellos esperaban un alto nivel de compromiso de ellos mismos y del uno al otro. Atrajeron a la juventud Irlandesa, que alegremente entregó su vida para expandir el evangelio. Paradójicamente, su fe "de otro mundo" les capacitó para ser agentes intransigentes y sin temor para la transformación de este mundo.

Relaciones contagiosas. Patricio no solo ganaba a individuos aislados. Su estrategia era alcanzar a clanes enteros con el evangelio. Patricio removió barreras innecesarias en la expansión del evangelio y el crecimiento del movimiento. Las Escrituras eran preeminentes, pero los monjes también tenían amor a la literatura clásica y a los poetas paganos. Su movimiento misionero encajaba en la cultura existente pero al mismo tiempo era radicalmente distinta.

Cuando los movimientos se expanden rápidamente, lo hacen a través de redes relacionales preexistentes. Las redes relacionales son el medio a través del cual los movimientos se expanden. También proveen el fundamento del cual se deriva la fuerza del movimiento.

Rápida movilización. Patricio capacitó líderes de entre las personas que alcanzaba. Sus misioneros hicieron lo mismo. Durante siglos, hubo un constante suministro de obreros moviéndose a través y más allá de Irlanda. Adonde viajaban, ganaban nuevos convertidos y reclutaban nuevos trabajadores. Nada de esto era planificado, financiado, o controlado de forma centralizada. Existía la expectativa de que el mismo Espíritu que había inspirado a Patricio inspiraría a otros a seguir su ejemplo. Estos trabajadores no eran conocidos por su dominio del latín o su teología abstracta. Eran conocidos por su celo misionero y su devoción a Cristo.

Los movimientos misioneros se extienden a través de los esfuerzos de gente ordinaria. La rápida extensión del evangelio requiere los esfuerzos de obreros no profesionales que no dependan de fondos externos y no sean estrictamente controlados. Los convertidos comienzan a compartir su fe y hacer discípulos de forma inmediata. Líderes clave modelan el ministerio efectivo; reclutan y envían obreros, y los entrenan mientras trabajan.

Métodos adaptativos. Patricio estructuró la iglesia celta para la expansión del evangelio. La orden misionera estaba a la cabeza de la vida de la iglesia. El monaquismo celta era supremamente adaptativo, flexible y trasplantable, en contraste con la naturaleza estática, rígida y estancada de la iglesia romana. Patricio comunicaba el evangelio de formas que afirmaban lo mejor de la cultura celta, asegurándose de que los Irlandeses pudieran seguir a Cristo sin tener que volverse romanos, pero el mensaje central del evangelio no cambiaba. Las formas cambiaban para adecuarse al contexto y a las necesidades de un movimiento en expansión, mientras que el evangelio inalterable se mantenía al centro del movimiento.

Los movimientos más efectivos están preparados para cambiar todo de sí mismos, a excepción de sus creencias centrales. Libres de la tradición, los movimientos pueden explorar con nuevas formas y estrategias. Los movimientos siguen su misión con métodos que son efectivos, flexibles y reproducibles, y duran más tiempo y sobrepasan la influencia de la primera generación de líderes.

Cuando y donde sea que encontremos movimientos misioneros dinámicos, encontraremos cada una de estas características en alguna forma. Antes de mirar cada una en profundidad, necesitamos primeramente entender el significado de los movimientos y la razón de su importancia.

INTRODUCCIÓN
Por qué son importantes los movimientos

Permítame explicarles el porqué de mi interés en los movimientos. En los últimos años de mi adolescencia y en mis veintitantos, estuve apartado de mi fe. Al poco tiempo mi vida comenzó a deshacerse. No estaba contento con Dios, y no estaba contento sin Él. No creía que vivir como cristiano fuera posible. Un día me encontré con un australiano llamado Bill Hallam. Él conoció a Cristo en el sendero hippie entre Ámsterdam y Delhi a través de un ministerio llamado Dilaram, fundado por Floyd y Sally McClung[1].

Bill causó una gran impresión en mí. Hubo momentos en que quise botarlo de mi casa por las cosas duras que decía, pero sabía que me amaba, y sabía que Cristo había cambiado su vida. Yo esperaba que mi vida pudiese cambiar también.

No pude seguir huyendo de Dios. Después de seis meses había ahorrado suficiente dinero para viajar de Australia a Holanda y unirme a Dilaram. Esto ocurrió a finales de los setenta. En Ámsterdam, terminé viviendo en el "Arca" —la comunidad de discipulado de Dilaram localizada en dos grandes barcos en un canal detrás de la estación central de trenes.

En el Arca aprendí como experimentar el amor de Dios mediante la oración y la adoración. Aprendí cómo comunicar el evangelio a viajeros de todas partes del mundo. Observé vidas rotas ser restauradas por el poder de la Palabra y el Espíritu en el contexto de una comunidad de discipulado.

Ahí estaba Jean Claude, un desertor de la Legión Extranjera Francesa que se había convertido. Estuve allí el día en que la interpol vino a arrestarlo. Compartí mi cuarto con dos hombres que habían sido miembros del Ejército Republicano Irlandés, ambos nuevos creyentes. Uno de ellos eventualmente decidió entregarse a las autoridades y fue enviado a prisión. Recuerdo a Dave, un escocés de más de dos metros de altura con problemas de ira, sacudiendo un martillo frente a mi rostro y amenazándome de muerte. Había personas con trasfondos de homosexualidad, prostitución, religiones orientales y drogas. Cada año alrededor de cuarenta de ellos llegaban a conocer a Cristo y comenzaban el peregrinaje del discipulado.

En ese momento no lo sabía, pero Dilaram era un movimiento. Todo empezó cuando Dios llamó a los McClung. Floyd estaba en la India con Juventud Con una Misión cuando encontró a un mendigo en la calle y se dio cuenta de que era un joven del occidente que estaba pasando por tiempos difíciles. Había miles de hippies en el camino entre Londres y Delhi. Muchos estaban en búsqueda de la verdad pero en su lugar encontraron disentería, hepatitis, y drogadicción.

Floyd y Sally establecieron la primera casa Dilaram en Kabul, Afganistán. Acogieron hippies drogadictos y enfermos,

INTRODUCCIÓN

los cuidaron, les hablaron acerca de Jesús y vieron a muchos recibirle. Pronto se establecieron casas Dilaram en Londres, Ámsterdam, Katmandú y Delhi. Muchos de los trabajadores en esas casas habían conocido a Cristo a través de Dilaram.

Nunca olvidé las lecciones que aprendí durante mi tiempo con Dilaram: descubrí el amor de Dios, el llamado al discipulado, el poder del evangelio para cambiar vidas, la obra del Espíritu Santo, la importancia de la oración y la comunidad cristiana y el corazón de Dios por las naciones. Estas lecciones se volvieron parte de mí y me han guiado desde entonces.

Tampoco me importunó conocer a Michelle, la chica australiana con la que eventualmente me casaría, en Ámsterdam.

Dios usa movimientos misioneros como Dilaram para transformar personas y hacer historia. Y por esa razón son importantes para mí.

Lo que me gustaría hacer es ayudarle a entender a usted las dinámicas de los movimientos misioneros contando historias y reflexionando en las lecciones que pueden enseñarnos. Me gustaría ayudarle a conectarse con los sueños que Dios le ha dado para hacer una diferencia en la vida de los perdidos que viven en un mundo quebrantado. Estoy convencido de que Dios puede usar estas historias del pasado, de nuestros contemporáneos, y de alrededor del mundo para animar a nuestros corazones, fortalecer nuestra resolución, y enseñarnos de cómo Dios obra a través de su pueblo.

Si desea ser un discípulo de Jesús y si desea hacer discípulos, este libro es para usted.

Movimientos Que Cambian Al Mundo

Antes de continuar, es importante aclarar qué es un movimiento. En sentido general, los movimientos son agrupaciones informales de personas y organizaciones que persiguen una causa común. Son personas que tienen como meta el cambio. Los movimientos no tienen miembros, pero sí tienen participantes. Las metas de un movimiento pueden ser impulsadas por las organizaciones, pero estas no conforman la totalidad del movimiento. Un movimiento puede tener figuras líderes, pero ninguna persona o grupo controla el movimiento. Los movimientos están conformados por personas comprometidas con una causa común.

Piense por un momento en el movimiento ambiental. ¿Dónde queda su oficina central? ¿Dónde está la organización o el líder que controla el movimiento? La realidad es que el movimiento ambiental está conformado por una colección de líderes, organizaciones, y participantes interconectados. Puede que no todos compartan la naturaleza exacta de sus metas y métodos, pero todos comparten una misma causa.

Para bien o para mal, los movimientos hacen historia. Una gran parte de la historia es el resultado de los choques entre movimientos compitiendo por sus visiones diferentes de cómo debería ser el mundo.

Los movimientos religiosos, culturales y políticos han moldeado el siglo veinte. Se han generado guerras por temas de nacionalismo, comunismo, y fundamentalismo Islámico. El movimiento de los derechos civiles, el feminismo, el ambientalismo y el movimiento por los derechos de los homosexuales han llenado la agenda social. Un secreto bien guardado es que el pentecostalismo, bajo su definición más amplia, ha sido el movimiento más grande y más amplio del siglo veinte.

Los movimientos se caracterizan por el descontento, la visión y la acción. El descontento libera a las personas de su compromiso con el estado presente de su entorno. Los movimientos emergen cuando las personas sienten que algo debe cambiar. Si el vacío creado por el descontento se llena con una visión de un futuro diferente y una acción para traer cambio, entonces surge un movimiento.

Los movimientos cambian a las personas, y las personas cambiadas transforman al mundo.

Lo Que Jesús Comenzó

Jesús fue el primer misionero. Él no fundó una organización, no escribió un libro, y no se postuló para un cargo gubernamental. Lo que Jesús hizo fue fundar un movimiento misionero que un día abarcaría al mundo entero.

Jesús empezó su vida y ministerio muy lejos del centro del poder. Era el hijo de un carpintero con una educación básica. No fue entrenado formalmente como rabino. No poseía estatus social ni riquezas. Lo que le importaba a Jesús era su relación con su Padre. Él pasó largas horas en oración. Las Escrituras hebreas impregnaban su vida y sus enseñanzas. Su victoria sobre Satanás la ganó entregándose al Padre como Hijo obediente.

Jesús iba de pueblo en pueblo demostrando la compasión y el poder de Dios mientras sanaba enfermos y sacaba demonios. Él buscó personas que respondían a su mensaje: pescadores, recolectores de impuestos, granjeros, prostitutas, soldados, mendigos y pecadores notorios. Su misión era buscarlos y salvarlos entregando su vida en rescate por ellos.

Jesús dejó de lado a los líderes religiosos y comunitarios, y llamó a personas ordinarias a unirse a su equipo misionero. Él los llamó para estar con él, y les prometió enseñarles a pescar hombres. Les enseñaba mientras viajaban juntos a pie y en bote, mientras ministraba a miles y mientras ministraba a individuos.

Jesús habló a multitudes al aire libre. Contó historias a grupos durante una comida. Habló con individuos a solas. Se comunicaba con poder y simplicidad, y le confiaba los resultados al Padre.

Cuando los discípulos de Jesús aprendieron lo suficiente como para considerarlos peligrosos para el reino de Satanás, los envió con los bolsillos vacíos a predicar, sanar y echar fuera demonios.

Jesús luchó sin miedo contra sus oponentes y nunca cedió terreno. Llamó a sus seguidores a dejar atrás su pecado e ir en pos de Dios para hallar misericordia y perdón. Se hizo el firme propósito de ir a Jerusalén para sufrir la vergonzosa muerte de un criminal. Encomendó su vida y el fruto de su ministerio a Dios.

Dios el Padre resucitó a Jesús de la muerte, venciendo al pecado, a la muerte y a Satanás. Justo cuando los discípulos de

INTRODUCCIÓN

Jesús pensaban que la obra estaba concluida y que era hora de tomar un descanso, Jesús los mandó a ir y hacer discípulos a todas las naciones. No les ofreció recursos o un plan. Simplemente les mandó a ir y les prometió su presencia a través del Espíritu Santo.

Es así como la misión de Jesús se convirtió en un movimiento misionero.

La Iglesia que Jesús fundó era una iglesia misionera. Su existencia y sus actividades eran una expresión de ese llamado misionero[2]. Sus miembros estaban audazmente determinados a ganar a otros a la fe en Jesús como el mesías crucificado y resucitado. Su campo de misión empezó en su hogar en Jerusalén y Judea, y se extendió a los confines de la tierra. La meta y el propósito de su trabajo misionero fue hacer discípulos y crear comunidades de discípulos —personas que rechazaban su antigua forma de vivir, ponían su fe en Jesús, y obedecían sus enseñanzas[3].

No hay otro cimiento más para nuestra misión que las buenas nuevas de Cristo crucificado por nuestros pecados. Pablo dice que el mensaje de la cruz es ofensivo para la humanidad pecaminosa. Era ofensivo para Pablo hasta que conoció a Jesús en el camino a Damasco. Nuestra misión es la de proclamar las buenas nuevas de Jesús en palabra y obra, por el poder del Espíritu Santo.

El Nuevo Testamento es un documento misionero[4]. Los evangelios cuentan la historia de lo que Jesús *comenzó* a hacer y enseñar, y Hechos habla acerca de lo que Jesús continuó haciendo a través del Espíritu Santo (ver Hechos 1:1). En Hechos, las personas se convirtieron y se congregaron en nuevas iglesias. Las epístolas del Nuevo Testamento fueron escritas por misioneros preocupados por el crecimiento espiritual de los seguidores de Jesús en la comunidad y en la misión. Si la iglesia primitiva no hubiese sido una iglesia misionera —compartiendo el evangelio de Jesús y haciendo discípulos— no habría iglesia.

Nuestras palabras castellanas *misión*, *misionero*, y *misional* provienen de la voz latina *missio*, que significa "el acto de enviar". La misma equivale a la palabra *apóstol* del griego en el Nuevo Testamento, que a su vez deriva de *apostolos*, que significa "uno que ha sido enviado". Jesús dijo a sus discípulos, "Como me *envió* el Padre, así también yo os *envío*". Y después sopló sobre ellos y dijo, "Recibid el Espíritu Santo" (Juan 20:21b-22, énfasis añadido). Alan Hirsch nos recuerda que "la misión de Dios fluye directamente a través de cada creyente y cada comunidad de fe que se adhiere a Jesus"[5]. La iglesia, en su esencia misma, es un movimiento misionero/misional con un mandato de continuar el ministerio de Jesús en el poder del Espíritu —llevar las buenas nuevas de Jesús al mundo.

Hoy en día parece haber confusión con respecto a los términos *misionero* y *misional* cuando son usados como descriptores de la iglesia. Las dos palabras son idénticas en significado. Se refieren al hecho de ser enviados por Dios al mundo. Desafortunadamente, cuando escuchamos la palabra *misionero* tendemos a pensar en una misión transcultural o al otro lado del océano, y cuando escuchamos la palabra *misional* el enfoque tiende a ir al contexto postmoderno del primer mundo. La misión de Dios no reconoce tales límites culturales o geográficos. Solo hay un mandato misionero/misional. Solo hay una iglesia misionera/misional. Solo hay un movimiento misionero/misional fundado por Jesús.

La misión posee una realidad tripartita[6]. Primero, está el mensaje: la misión asume una visión distintiva respecto a la naturaleza de Dios y la naturaleza de la salvación. Segundo, la misión involucra la comunicación tanto de la verdad como de una nueva forma de vida. Tercero, el propósito de la misión es la conversión. Las personas aceptan el mensaje, se integran a la comunidad de fe y empiezan a practicar una nueva forma de vivir —una nueva vida comprometida con seguir a Jesús y a compartir su verdad con otras personas.

Como movimiento misionero, nuestro mensaje está centrado en Jesucristo, el hijo de Dios, quien fue crucificado por nuestros pecados y es la única fuente de salvación para un mundo perdido.

Segundo, como movimiento misionero tenemos un programa para el cambio. Jesús llama a todos los que quieren seguirlo a una nueva vida de obediencia a su voluntad.

Tercero, la misión involucra la conversión de individuos y su inclusión al cuerpo de Cristo, el cual es la iglesia, el pueblo de Dios. No hay misión sin la iglesia, y no hay discipulado sin la comunidad de fe.

Si esto es lo que significa ser el pueblo misionero de Dios, ¿qué hacen los "misioneros"? El misiólogo Eckhard Schnabel explica:

> Los misioneros establecen contacto con los no-creyentes, proclaman las noticias de Jesús, el Mesías y Salvador (proclamación, predicación, enseñanza, e instrucción), guían a las personas a la fe en Cristo Jesús (conversión, bautismo), e integran a los nuevos creyentes a una comunidad local de seguidores de Jesús (Santa Cena, transformación del comportamiento social y moral, caridad)"[7].

Tenemos el mensaje de la cruz. Tenemos la nueva vida en Cristo. Tenemos el mandato de hacer discípulos y multiplicar iglesias —en todas partes. Somos un pueblo misionero.

Por Qué No Somos Todos Iguales

Fui corrompido durante mi primer año de preparación teológica en la universidad. Descubrí que la historia de la iglesia no era simplemente la historia de ideas y eventos; es también la historia de los movimientos. En el transcurso de la historia, la iglesia se ha visto inmersa en un estado constante de convulsión y cambio, de declive y resurgimiento.

El cristianismo es un movimiento de movimientos —monaquismo, movimiento evangélico y pentecostalismo, solo por nombrar algunos. Estos movimientos pueden encontrar su expresión en organizaciones de movimientos tales como agencias misioneras y denominaciones. Los movimientos son uno de los

INTRODUCCIÓN

medios claves a través de los cuales Dios renueva y expande a la iglesia en su misión.

Cada movimiento nuevo tiene una contribución única para el reino —su "carisma fundacional" o regalo de gracia[8]. El monaquismo modeló una profunda devoción a Dios a pesar del creciente nominalismo de la iglesia. El regalo de los franciscanos a la iglesia y el mundo fue el corazón de Dios para los pobres. La Reforma sostuvo la autoridad de las Escrituras y restauró la verdad de la salvación por gracia por medio de la fe. Los anabaptistas enfatizaron la importancia del discipulado y la comunidad de creyentes. Los moravos fueron una inspiración como la primera orden misionera protestante. Los metodistas y el Ejército de Salvación combinaron su celo evangelístico y la santidad con un corazón por los pobres. Los pentecostales redescubrieron el indómito poder del Espíritu Santo.

¿Dónde estaríamos hoy sin la influencia de estos movimientos? ¿Qué tendríamos hoy si sus contribuciones fueran borradas de la historia? Todos ellos tuvieron errores, más Dios obró a través de ellos, renovando a su iglesia en la fidelidad a Cristo y su causa.

El gran historiador de iglesias Kenneth Scott Latourette argumentó que uno de los indicadores de la vitalidad de la fe cristiana es la aparición de nuevos movimientos. Los periodos de mayor vigor y expansión en la fe cristiana son aquellos en los que surgen nuevos movimientos[9]. El movimiento cristiano es como un jardín. Un jardín saludable es un ecosistema lleno de diversidad en el que constantemente nacen nuevas plantas, mientras que otras florecen, y aun otras mueren y se descomponen. El jardín perdura en un continuo estado de renovación. Es a través del nacimiento y crecimiento de nuevos movimientos de iglesias y entidades misioneras que Dios ha renovado el movimiento Cristiano a través de los tiempos.

Durante la renovación y expansión de la iglesia, los avances *siempre* ocurren en la periferia del poder eclesiástico —*nunca* en el centro[10]. En toda generación, en algún lugar obscuro, Dios está comenzando algo nuevo. Y es allí donde debemos estar.

¿Es Para Usted Este Libro?

Si usted es un seguidor de Jesús, no necesita empezar un movimiento misionero. Ya está en uno. El propósito de este libro es ayudarle a entender lo que eso significa y cómo participar en lo que Dios ya está haciendo.

Cuando escribí este libro, tenía ciertas personas en mente. Pensé en Mark y Fiona, quienes han visto a dieciocho personas llegar a Cristo en el transcurso del año pasado y se preguntan si estas personas son el inicio de una nueva iglesia.

Pensé en Oscar, un pastor en Kenia, quien convirtió una iglesia de doce personas en una de miles. Aún más importante, los líderes que ha capacitado están ahora plantando iglesias en los suburbios y barrios bajos de Nairobi, y ese solo es el inicio.

Pensé en Pauline en la China, una mujer joven de unos veinte años quien está ganando a sus amigas para Cristo y las está bautizando secretamente en tinas de baño. Ella tiene la visión de multiplicar pequeñas iglesias reunidas en hogares en su ciudad.

Pensé en Wayne y su equipo, quienes cada semana van puerta a puerta en su comunidad empobrecida, cuidando a los enfermos, orando por personas necesitadas, ayudando de forma práctica, y compartiendo las buenas nuevas de Cristo. Wayne se pregunta qué tomará para poder alcanzar a este pueblo y así poder enviar equipos a otros pueblos.

Pensé en Tim, el pastor de una gran iglesia en Nueva York. Él tiene la visión de ver a su ciudad transformada por el evangelio. Está capacitando líderes y enviándolos a fundar iglesias. Está asociándose con cualquier persona dispuesta a plantar iglesias centradas en el evangelio. Tiene un corazón por las ciudades del mundo.

Pensé en Gary, quien administra su propio negocio durante su tiempo libre y además tiene un ministerio para estudiantes de secundaria. Cuarenta de ellos han conocido a Cristo. Gary no puede entender por qué su iglesia local no apoya esta obra de Dios. Se pregunta cuál es el siguiente paso que debe tomar.

Estoy escribiendo para gente como esta. Estas personas y otras como ellas también han sido mis profesores. A medida que he escuchado sus historias y los relatos de muchos otros en las diferentes épocas, ellos se han convertido en mi nube de testigos del Dios revelado en Jesús y su misión en el mundo.

No hay una fórmula, ni una lista de diez pasos sencillos. Somos obreros en el campo de cultivo *de Dios*. Somos totalmente dependientes de Dios para nuestra salvación y para los resultados de nuestros ministerios. Nada, aparte del poder de Dios presente en la comunicación del evangelio de Jesucristo crucificado y resucitado, puede explicar la expansión del movimiento cristiano a través de la historia[11].

Lo que sigue son las historias y lecciones de nuestros contemporáneos y de aquellos que han estado antes de nosotros. Ellos sembraron y regaron, pero fue Dios quien propició el crecimiento.

1
FE AL ROJO VIVO

A eso de las tres de la mañana, mientras perseverábamos en la oración, el Espíritu de Dios vino poderosamente sobre nosotros, de tal manera que muchos clamaron con gozo abundante y muchos cayeron al suelo. Tan pronto nos empezamos a recuperar de la admiración y asombro de la presencia de su majestad, todos clamamos a una sola voz, "Te alabamos, Oh Dios; te reconocemos como Señor".

—John Wesley

Un niño de dieciséis años es tomado prisionero por un grupo de secuestradores y es vendido en esclavitud. Desesperado por su soledad, hambre, y frio, clama a Dios para ser liberado y Dios le responde. Termina iniciando uno de los movimientos misioneros más grandes que el mundo jamás ha visto.

Un monje Agustiniano desconocido agoniza sobre el significado de ser hecho justo delante de Dios por medio de la fe. Su intenso conflicto es el catalizador de la Reforma Protestante.

Un joven ministro retorna del campo misionero, fracasado ante sus propios ojos y sin experimentar la aceptación amorosa de Dios. Su corazón se "calentó extrañamente" por la gracia de Dios, y uno de los avivamientos más significantes de la historia moderna sacude a Gran Bretaña y se expande globalmente.

Patricio de Irlanda, Martin Lutero, y John Wesley —les recordamos como poderosas figuras históricas a través de las cuales Dios renovó la iglesia y transformó al mundo. Los honramos como héroes de la fe. Olvidamos que empezaron como hombres quebrantados, que clamaban a Dios por un encuentro que cambiara sus vidas. De esos encuentros personales con Dios, estos líderes transformadores salieron a renovar a la iglesia y a dar forma al mundo en el que vivimos.

Por varios años he enseñado un curso de plantación de iglesias al Ejército de Salvación en Sídney. Disfruto retornar cada año, no solo por la interacción con los estudiantes sino también por la ubicación. El centro de conferencia se sitúa en una colina sobre las playas del norte de Sídney, de donde se ve el océano Pacífico.

Sídney posee las propiedades inmuebles más caras de Australia, y cada año uno de los oficiales me recuerda que hubo un tiempo en que todas las tierras que podían ver sus ojos le pertenecieron al Ejército de Salvación. En 1900, la señorita Elizabeth Jenkins donó cientos de hectáreas de tierras de cultivo al Ejército de Salvación. Hoy en día esas tierras valdrían cientos de millones de dólares. El problema es que muchas de esas tierras fueron divididas y vendidas para hacer viviendas en el transcurso de los años o fueron adquiridas por el gobierno estatal para uso comunitario.

Cada año me dicen, "imagínate lo que podríamos lograr si tan solo tuviéramos esa propiedad hoy". La trampa esta puesta. Entramos a la siguiente sesión. Luego les recuerdo que hubo un tiempo en que el Ejército de Salvación estaba conformado solamente por William y Catherine Booth sentados en la mesa de la cocina, sin ningún otro recurso más que el llamado de Dios.

La historia cristiana no la escriben instituciones e individuos bien financiados y con muchos recursos. La historia la hacen hombres y mujeres de fe que tuvieron un encuentro con el Dios viviente. Sin fe es imposible agradar a Dios.

Aprendí esto de forma difícil en la primera iglesia que fundamos. En medio del segundo año, la iglesia experimentó intensos conflictos. Me preguntaba cómo iba a lograr sobrevivir. Desde fundación de la nueva iglesia, habíamos añadido una nueva familia cada semana, y ahora atendíamos a más de doscientas personas. Naturalmente, como el crecimiento equivale a éxito, pensé que era el mejor fundador de iglesias del mundo. Luego estalló un conflicto en la iglesia, y mi mundo se vino abajo. Quería luchar o correr, pero Dios simplemente me dijo que me mantuviera firme.

Al poco tiempo, escuché a John Wimber del Movimiento Vineyard decir, "Jesús quiere su iglesia de vuelta". Me di cuenta que ese era mi problema. Jesús quería su iglesia de vuelta, y me quería a mí de vuelta.

Empecé a buscar a Dios como nunca lo había hecho antes. Me levantaba temprano por la mañana y salía a mi garaje, prendía mi pequeña estufa de madera, y oraba y leía las Escrituras. Eso no era disciplina; era desesperación. Una mañana mientras estaba a solas en el garaje, tuve un fuerte sentir de que Dios me estaba diciendo, "no se trata de una sola iglesia nueva; se trata de toda una generación de iglesias nuevas". Desde ese momento, mi llamado ha sido el de impulsar movimientos de plantación de iglesias por toda Australia, y más allá.

Pasaron unos cuantos meses más hasta que la paz fue restaurada en nuestra iglesia. Unas cuantas personas se fueron. La mayoría se quedó. La bendición de Dios retornó, pero nunca volví a ser el mismo.

Los encuentros profundos con Dios son importantes catalizadores en la formación de movimientos para renovar y expandir la fe cristiana. Los factores sociales y políticos influenciaron la Reforma Protestante, pero las convicciones religiosas y las experiencias centradas en Jesús fueron los mayores catalizadores para el cambio.

Las experiencias con Dios que son válidas estarán en armonía con su Palabra, y deben encontrar su expresión en la acción. Una fe al rojo vivo está interesada en el Espíritu, la Palabra, y el mundo. Busca producir corazones rectos, pensamientos rectos y acciones rectas. Nos llama a la consagración del corazón, la mente, y las manos[1]. Los encuentros frescos con Dios a través de la Palabra y el Espíritu proveen una autoridad convincente que energiza a un movimiento misionero para ir y cambiar el mundo.

El Primer Movimiento Misionero Protestante

Solo tengo una pasión, es él, es solamente él.
—Conde Nicolaus Zinzendorf

A finales del siglo diecisiete, el protestantismo en Europa estaba entrando en una era de hielo religiosa, congelada por una ortodoxia sin pasión. Habían transcurrido 150 años desde la muerte de Martín Lutero, y hasta ese momento no había surgido ningún movimiento misionero significativo como resultado de la Reforma.

Por siglos, las órdenes religiosas —benedictinos, carmelitas, agustinos, franciscanos y dominicos— habían sido el manantial de vida para la renovación y la expansión de la fe Católica. En las regiones que controlaban, los Reformadores abolieron esas órdenes sin crear un equivalente funcional. El protestantismo estuvo privado de un mecanismo misionero mundial hasta que dos jóvenes moravos, uno alfarero y el otro carpintero, decidieron que era tiempo para actuar.

Cuando Leonard Dober y David Nitschmann partieron para llevar el evangelio a las Indias Occidentales en 1732, William Carey, el "padre de las misiones protestantes," todavía no había nacido. Hudson Taylor, el misionero pionero, no llegaría a la China hasta ciento cincuenta años después. Dober y Nitschmann fueron los primeros misioneros enviados por la Hermandad Moravia; en los siguientes veinte años habría misioneros moravos en el Ártico entre esquimales, en el sur de África, entre los indios de Norte América, y en Surinam, Ceilán, China, India, y Persia.

La Hermandad Moravia se originó en las regiones checas de Moravia y Bohemia en Europa Central. Sus raíces se remontan al reformador checo Jan Hus, quien había sido condenado como hereje, excomulgado y quemado en la hoguera por la Iglesia Católica Romana en 1415. Hus inspiró el nacimiento de la primera iglesia protestante que rompió relaciones con Roma, cien años antes de Martín Lutero.

Cuando la Reforma llegó, los moravos forjaron lazos con los reformadores, incluyendo a Lutero y Calvino. En la década de 1620 los moravos perdieron la protección de la nobleza local y sufrieron persecución severa por parte de la Iglesia Católica. Sus iglesias fueron cerradas, y sus congregantes fueron cazados y encarcelados. Algunos fueron torturados y ejecutados, mientras que otros fueron forzados a esconderse o exiliarse. Por los próximos cien años, la Hermandad Moravia apenas sobrevivió como iglesia clandestina —difícilmente el tipo de personas por medio de las cuales esperarías que se iniciara un movimiento misionero.

La situación difícil de los moravos llamó la atención de un joven noble australiano, el Conde Nicolaus Zinzendorf. De joven, Zinzendorf había entregado su vida a Cristo y a la difusión del evangelio alrededor del mundo. En 1722 abrió las puertas de su propiedad en Sajonia como asilo para los moravos que eran perseguidos. Con su ayuda, ellos construyeron un pueblo que llamaron Herrnhut, que significaba "la vigilia del Señor".

Zinzendorf estableció un número de proyectos para servir a esta comunidad que incluyó una librería, un dispensario, una escuela y una imprenta para ediciones de la Biblia y otra literatura a bajo costo.

Para el año 1727 un flujo continuo de refugiados religiosos había llegado —algunos de trasfondo luterano, reformado, anabaptista e incluso católicos. Cada uno tenía el sueño de ver una iglesia restaurada; la realidad, sin embargo, demostró ser diferente. Era difícil para los hombres y mujeres que habían sufrido por sus convicciones sacrificar las mismas en nombre de la armonía. Se produjeron divisiones, y esto llevó a disputas amargas y relaciones rotas.

Zinzendorf se encontraba bajo presión por parte de las autoridades locales para cerrar su "foco de herejía". Podría haber confiado en su poder como señor feudal para deshacerse de las facciones en conflicto. Pero en lugar de esto, Zinzendorf trató de restaurar la paz. Junto a su familia, se mudó de su mansión al pueblo. Entregó todo su tiempo, energía y riquezas al servicio de la gente. Pasó largos días y horas reuniéndose con individuos y grupos para restaurar la armonía. Abrió las Escrituras y ayudó a la comunidad a entender la mente de Dios.

Zinzendorf le dio una estructura a la comunidad. Escogió líderes en base a su madurez espiritual y carácter. Estableció una lista de cuarenta y dos estatutos como base para la vida comunitaria. Zinzendorf dividió a la comunidad entera en pequeños grupos. Cada grupo consistía en dos o tres personas del mismo sexo quienes se reunían para compartir lo que había en sus corazones y para animar, corregir, y orar el uno por el otro. Las personas se reconciliaron mientras confesaban sus pecados y renovaban su compromiso de vivir juntos en amor. Día y noche, Herrnhut se convirtió en un centro de oración y adoración.

Para el verano de 1727 había una "contagiosa y santa expectativa" en Herrnhut. Algo maravilloso estaba a punto de suceder. El trece de agosto los moravos experimentaron lo que solamente puede describirse como un derramamiento pentecostal del Espíritu Santo. Mientras celebraban la Santa Cena, el Espíritu se movía en medio de ellos; sus corazones empezaron a arder con una nueva fe y amor hacia el Salvador y con un amor ardiente del uno para el otro. Se abrazaron con lágrimas en los ojos. Dios sopló nueva vida en su antiguo movimiento.

Continuaron las manifestaciones del poder del Espíritu Santo, incluyendo sanidades divinas. Las personas se reunían en grupos pequeños para confesar sus pecados y orar los unos por los otros para poder ser sanados. Las divisiones desaparecieron. Se establecieron vigilias nocturnas y reuniones de oración. Se oraba durante todo el día, siete días por semana, y esto continuó de forma ininterrumpida durante los siguientes cien años.

Este avivamiento espiritual fue canalizado a las misiones. Cuatro años después, Zizendorf estaba visitando la corte del rey de Dinamarca cuando conoció a Anthony Ulrich, un esclavo africano de las Indias Occidentales. Ulrich había llegado a la fe en Cristo y conoció a dos moravos en la corte. Él derramó su corazón ante Zinzendorf mientras describía las condiciones vergonzosas de los esclavos en la isla danesa de San Tomas.

También habló de su hermana y hermano y su deseo de escuchar el evangelio. Zinzendorf fue conmovido profundamente y quedo emocionado por el desafío misionero.

El siguiente año Leonardo Dober, el alfarero, y David Nitschmann, el carpintero, se convirtieron en los primeros misioneros moravos. Zinzendorf pasó toda la noche en oración antes de que partieran. Se despertó temprano y los llevó en su carruaje tan lejos como pudo. Antes de partir, se arrodillaron al lado del camino para recibir su bendición. Cargaron sus bultos en la espalda mientras se alejaron caminando con solo treinta chelines en sus bolsillos. Zinzendorf no tenía más instrucciones para darles mas que: "hacer todo en el Espíritu de Jesucristo".

Dober y Nitschmann no tenían mucha idea de cómo sería la vida en las Indias Occidentales. No tenían ninguna agencia misionera para apoyarlos. No tenían ningún ejemplo para seguir. Mientras caminaban hacia el puerto, no tenían la más mínima idea de que estaban abriendo el camino para el nacimiento del movimiento misionero Protestante.

Estos dos jóvenes se convirtieron en los fundadores del movimiento cristiano entre los esclavos de las Indias Occidentales. Durante los próximos 50 años los moravos trabajaron solos antes de que llegara otro misionero cristiano. Para cuando llegaron otros misioneros, los moravos habían bautizado 13.000 convertidos y habían plantado iglesias en las islas de Santo Tomás, Santa Cruz, Jamaica, Antigua, Barbados, y San Cristóbal.

Zinzendorf no quiso establecer una iglesia morava independiente. Su meta era promover la unidad de todos los cristianos. Zinzendorf vio el movimiento moravo como una comunidad misionera —una iglesia dentro de la iglesia— y a todos los moravos como "soldados del Cordero"[2].

Los moravos fueron los primeros protestantes en tratar a las misiones mundiales como una responsabilidad de la iglesia entera[3]. Bajo Zinzendorf, los moravos se convirtieron en un movimiento misionero intenso y altamente móvil. En tan solo dos décadas los moravos enviaron a más misioneros que todos los demás protestantes en los doscientos años anteriores. El rápido despliegue de tantos misioneros jóvenes alrededor del mundo fue sorprendente.

El alcance fue posible gracias a una relativa falta de preocupación por el entrenamiento, finanzas o estructura[4]. Todos estos misioneros eran laicos, en su mayoría granjeros campesinos y comerciantes. Ellos fueron entrenados como evangelistas, no como teólogos académicos. Solo recibían el dinero necesario para llegar al puerto. Luego, los misioneros trabajaban en el barco para ganar su pasaje hasta su destino. Una vez en el campo de misión, conseguían cualquier trabajo que proveyera suficiente comida y vestimenta. No tenían educación teológica formal, y recibían mínima instrucción en adquisición de idiomas y ministerio intercultural. Una vez que emprendían el viaje no tenían apoyo financiero ni ninguna organización para cuidar de ellos; no había garantías de atención médica, solo la probabilidad de que nunca más verían su tierra natal.

Durante los próximos 150 años, 2.158 moravos fueron voluntarios para servir internacionalmente. Fueron a los lugares más remotos, desfavorables, y desamparados. Esto era algo nuevo en la expansión del cristianismo: una comunidad cristiana entera —tanto familias enteras como solteros— entregados a las misiones mundiales[5].

El impacto de los moravos no se limitó a sus propios logros. Ellos influenciaron profundamente tanto a William Carey, conocido como el "padre de las misiones protestantes", como a John Wesley, el fundador del movimiento metodista. Los moravos prepararon el camino para la gran expansión misionera protestante del siglo diecinueve.

El cristianismo comenzó el siglo diecinueve como una fe predominantemente europea aprisionada por el tradicionalismo. Para finales de siglo, el cristianismo estaba bien encaminado para convertirse en un verdadero movimiento global.

Zinzendorf describió a los miembros del movimiento moravo como "las personas felices del Salvador". El grito del movimiento misionero moravo era: "que el Cordero que fue inmolado reciba la recompensa por sus sufrimientos". Solamente la intensa felicidad que producía el Cordero en los moravos puede explicar la libertad que tuvieron para sacrificar todo por llevar el poder y la comunión de Cristo crucificado a todo el mundo[6].

Cuando El Espíritu Viene Con Poder

El reino de los cielos pertenece a los violentos que lo toman. Pero esta violencia no es aceptada por Dios al menos que la persona que la práctica

> *esté preparada para soportar el choque en respuesta. Quien lucha contra Dios en la oración pone toda su vida en peligro*
>
> —Jacques Ellul

En la historia de la iglesia han sido las experiencias espirituales las que han producido el nacimiento de movimientos de renovación y expansión.

El 9 de abril del 2006 se cumplieron cien años desde que el avivamiento de la calle Azusa lanzó el pentecostalismo al escenario mundial. William Seymour, el hijo de exesclavos de 34 años de edad, fue quien guió este avivamiento. En sus primeras etapas, el pentecostalismo enfatizó el "bautismo del Espíritu Santo", evidenciado por el hablar en lenguas y la restauración de la verdadera iglesia antes del retorno de Jesús. Las reuniones cargadas de emoción duraban todo el día y entrada la noche. No había ninguna coordinación central de las reuniones, y Seymour rara vez predicaba. Él enseñó a la congregación a clamar a Dios para ser santificados, bautizados en el Espíritu, y sanados divinamente[7].

Inmediatamente, los misioneros empezaron a dispersarse desde la calle Azusa hacia todo el mundo. En dos años habían llevado el pentecostalismo a partes de Asia, Sudamérica, el Medio Oriente y África. Eran pobres, sin entrenamiento, y sin preparación. Muchos murieron en el campo misionero. Sin embargo, sus sacrificios fueron recompensados; el movimiento pentecostal/carismático se convirtió en la expresión del cristianismo global que crecía más rápidamente y de forma más diversa. Algunos investigadores predicen que, con la presente tasa de crecimiento, habrá un billón de pentecostales para el año 2025, la mayor parte de ellos en Asia, África y Latinoamérica[8].

El pentecostalismo es tal vez el movimiento —religioso, cultural, o político— que se expande con más rapidez en la historia. El comunismo, el fascismo, y el islam militante moldearon el siglo pasado, pero ninguno de ellos igualó el impacto del pentecostalismo.

Los pentecostales son identificados a menudo como individuos de alto perfil que aparecen en la televisión religiosa de los Estados Unidos. La realidad, sin embargo, es que la mayoría de los pentecostales viven en el Sur Global, o en los países en desarrollo. Las regiones de África, Asia y Sudamérica donde el pentecostalismo está creciendo más rápidamente también tienen las poblaciones con mayor porcentaje de gente joven y mayor crecimiento de población en el mundo. Si pudiéramos describir al pentecostal "típico", hablaríamos de una mujer pobre viviendo en un pueblo de Nigeria o un barrio brasilero pobre[9]. Tales personas son la nueva cara del cristianismo, y también son su futuro.

La fe pentecostal tiene una influencia muy pragmática sobre el mundo en vías de desarrollo. Un número creciente de estudios sociológicos desde Venezuela hasta Jamaica y Ghana demuestra cómo el cristianismo evangélico está trasformando las vidas de los pobres —espiritual, moral y materialmente. El pentecostalismo en particular está demostrando ser más potente que los programas gubernamentales y los movimientos sociales en el mejoramiento de las vidas de los pobres y marginados[10].

El pentecostalismo nos recuerda que para cambiar el mundo, nosotros debemos ser cambiados primero. El celo religioso inició su sorprendente expansión global, de forma que lo que comenzó como una reunión de avivamiento se ha convertido en un movimiento misionero global. Existen dos medios por los cuales Dios desarrolla una fe al rojo vivo dentro de nosotros: *la crisis* y *el proceso*. En el momento de *crisis* debemos aprender a rendirnos a la gracia de Dios. La práctica de disciplinas espirituales es el *proceso* que profundiza nuestra vida en Dios.

Crisis: Una Vida Rendida

El camión llegó a la casa que estábamos renovando. La mezcladora de concreto estaba encendida. Solo teníamos veinte minutos para vaciar la carga del camión. Pasado ese tiempo, el conductor esperaría un pago adicional por cada minuto de espera. Tres carpinteros y su obrero soltaron sus herramientas, y cada uno tomó una carretilla. Yo era el obrero.

Trabajamos a paso acelerado. Las carretillas estaban alineadas esperando ser llenadas. El concreto húmedo es pesado e inestable. Subí por la entrada de coches con una carga llena. Corría alrededor de la casa a través del barro, hasta la parte de atrás donde estábamos poniendo los cimientos para un anexo de la casa. Me preparé para el último desafío —bajar mi carretilla a través de una tabla resbalosa por debajo de la casa para vaciar mi carga.

Justo cuando estaba a punto atreverme, escuché la potente voz del capataz: "¡Ten cuidado! No tenemos un buen obrero aquí".

Reprimiendo mis emociones, logré bajar por la tabla, vacié la carretilla y volví a subir, pasando alrededor de la casa para recoger mi siguiente carga. Me sentía totalmente derrotado. "No tenemos un buen obrero aquí". La iglesia que habíamos fundado no se estaba desarrollando como esperaba. A nivel personal, teníamos un par de crisis financieras cada semana. Teníamos dos niños pequenos y uno en camino. El estrés se notaba en nuestro matrimonio, y yo apenas podía soportarlo. Pero estaba en el centro de la voluntad de Dios y de su propósito. No tenía a donde correr.

Para cuando volví al camión, había determinado en mi corazón que no había vuelta atrás. Continuaría la carrera. Rendiría mi vida y mi futuro en las manos de Dios y le confiaría a él el resultado de mi ministerio.

Esta se constituyó en la primera de media docena de oportunidades durante los próximos dieciocho meses de llegar a un punto de entrega. Pensé que una vez sería suficiente. Pero Dios tenía otros planes.

En las Escrituras podemos ver que cuando Dios toma la iniciativa de llamar a una persona a su servicio, muchas veces lo hace a través de un encuentro poderoso. Aquí están algunos ejemplos: el bautismo de Jesús y su experiencia en el desierto; la trasformación de los discípulos en Pentecostés; y el encuentro de Pablo con Cristo en el camino a Damasco —todas estas fueron experiencias de "crisis". Dios interviene en medio de la desolación y busca una respuesta.

Este patrón continúa a través de toda la historia del movimiento cristiano. Las experiencias profundas de entrega preceden a la revelación de los propósitos de Dios y el derramamiento del poder para cumplir su voluntad. En este punto de entrega, renunciamos a nuestra dependencia de cualquier cosa que no sea la presencia y el poder de Dios. Lo único que ofrecemos es nuestra vida quebrantada y nuestra necesidad. Es Dios quien inicia, y es la gracia de Dios la que transforma.

Las experiencias de crisis, entrega, y empoderamiento están esparcidas a través de las historias de cada movimiento misionero. Impactan las vidas de los fundadores y empoderan a personas ordinarias para hacer cosas extraordinarias. A medida que las personas aprenden a ir a la cruz para encontrar a Dios, experimentan el poder de la resurrección y la llegada del Espíritu Santo. Esas realidades son el cimiento a partir del ministran.

Proceso: Una Vida Disciplinada

La otra dimensión para cultivar una fe al rojo vivo es el *proceso* —la vida disciplinada. Las disciplinas espirituales pueden variar de un movimiento a otro, pero siempre son actividades que profundizan nuestra relación con Dios.

Cada movimiento dinámico descubre una mezcla única de disciplinas espirituales. Los primeros seguidores de Cristo se reunían regularmente para leer las Escrituras y escuchar las enseñanzas de los apóstoles. Se reunían para orar y para compartir la Santa Cena; también confesaban sus pecados unos a otros. Las disciplinas espirituales estaban integradas en el ritmo de sus vidas. El movimiento monástico practicaba *lectio divina*, o reflexión de las Escrituras en oración. En el corazón de la orden Jesuita estuvieron los *Ejercicios Espirituales de Ignacio de Loyola*, treinta días de meditación y oración sobre la vida, el ministerio, y la muerte de Jesús. Los moravos y metodistas tenían clases y equipos —grupos de rendición de cuentas para la oración y la confesión de pecados. Los miembros del Movimiento Voluntario de Estudiantes valoraron "la vigilia en la mañana" —un tiempo diario para el estudio de la Biblia y la oración devocional. Los Evangélicos son conocidos por su prédica expositiva y sus enseñanzas de las Escrituras. Los pentecostales ponen mucho valor en experimentar a Dios en la alabanza corporativa.

Ningún movimiento puede ser sostenido solamente por experiencias de crisis. Las disciplinas espirituales preparan el camino y sirven de apoyo a las experiencias que cambian la vida. Los grandes pioneros de los movimientos aprendieron a rendirse a Dios en la crisis y a buscar su gracia por medio de la práctica de disciplinas espirituales. Su secreto es el gozo que experimentan a medida que descubren que Cristo es suficiente. Tales hombres y mujeres, de los cuales el mundo no es digno (Hebreos 11:38), han conquistado naciones, alimentado a los pobres, cruzado océanos, escalado montañas y soportado la persecución, encarcelamiento y muerte —todo por el evangelio. Su comunión es con Jesús en su sufrimiento y gozo. Ellos demuestran una fe al rojo vivo.

Jesús Y La Fe Al Rojo Vivo

> *Los gobernantes, al ver la osadía con que hablaban Pedro y Juan, y al darse cuenta de que eran gente sin estudios ni preparación, quedaron asombrados y reconocieron que habían estado con Jesús.*
>
> —Hechos 4:13

En el nacimiento del movimiento cristiano, no encontramos a su fundador en el templo de Jerusalén impresionando a los eruditos con su conocimiento y piedad. No lo encontramos al frente de multitudes de partidarios impresionados por su poder para sanar enfermos y sacar demonios. No está impresionando a reyes y gobernantes. En el nacimiento del movimiento cristiano, Jesús estaba a solas en el desierto —con hambre y sed, cansado por la batalla con Satanás.

Jesús, el hijo obediente, esperaba en la presencia de su Padre. Humilde, dependiente, quebrantado, necesitado —todo apoyo le había sido quitado. Cada consuelo se había desvanecido. Solo quedaba el costo de la obediencia y la entrega y el horrible prospecto de la cruz. Cada tentación era un ataque a su filiación. Cada tentación buscaba que Jesús probara su identidad por medio de muestras milagrosas de poder en lugar de dependencia, obediencia, y sufrimiento. Jesús prevaleció y retornó victorioso sobre la maldad, pero la batalla con Satanás continuó durante todo su ministerio público hasta la derrota final sobre el mal en la cruz.

Fue en el lugar de desolación en el que la identidad y el llamado de Jesús fueron puestos a prueba. Él se rehusó a tomar el mando de su destino, escogiendo en su lugar el camino de la obediencia y triunfando sobre sobre el tentador, trazando así el camino para los que le seguirían. Aquí está la piedra angular del movimiento cristiano; el corazón de Jesús entregado al Padre. Jesús estaba satisfecho en el amor y el propósito del Padre. Todo lo demás fue abandonado.

Con mucha frecuencia Jesús se retiró para estar a solas con el Padre en oración —temprano en la mañana, arriba en la montaña, en el desierto y a veces durante toda la noche. Él oró cuando estuvo bajo gran tensión. Oró cuando tenía decisiones importantes que tomar. Oró cuando se enfrentó al prospecto de la crucifixión. Oró en la cruz misma.

El amor de Dios fue tan real para Jesús, tan irresistible, que cuando se acercaba a Dios para orar, el clamor que naturalmente venía a sus labios era *Abba*, la palabra aramea para Padre. Ningún otro judío jamás había hablado de Dios como Abba, pero Jesús siempre se refería a Dios de esta manera, y les enseñó a los discípulos a hacer lo mismo[11].

Jesús les enseñó a sus seguidores a esperar el mismo tipo de intimidad con el Padre y el mismo poder para ser testigos hasta los confines de la tierra. Antes de que pudieran experimentar el poder de Dios, tenían que darse cuenta de que debían depender completamente de él. Cuando Jesús llamó a Simón, Andrés, Jacobo y Juan, ellos se encontraban en una posición de desesperanza. Habían pescado durante toda la noche y no habían atrapado nada. A la orden de Jesús, echaron de nuevo sus redes y sacaron una pesca milagrosa. Como resultado, Pedro fue conmovido por la presencia de Dios en Jesús. Cayó a los pies de Jesús y confesó su indignidad y su pecado. Dejó atrás su barco de pesca y a sus socios y siguió a Jesús inmediata e incondicionalmente. Su reacción nos recuerda a los profetas del Antiguo Testamento que recibieron su llamado cuando fueron conmovidos por la presencia de Dios[12].

Los líderes religiosos vieron el denuedo de los primeros discípulos, y quedaron asombrados, ya que Pedro y Juan eran "gente sin estudios ni preparación". ¿Qué hacía especiales a Pedro y a Juan? Habían estado con Jesús (Hechos 4:13). La transformación de los discípulos de ser un equipo esparcido de hombres derrotados y desamparados a ser líderes de un movimiento misionero dinámico se logró a través de su experiencia compartida con el Hijo resucitado y su Espíritu Santo. La expansión del cristianismo primitivo fue más que un fenómeno social o una iniciativa humana. Fue Dios mismo quien "añadió" creyentes a la iglesia cuando el evangelio fue predicado (Hechos 2:47).

El Apóstol Pablo era un hombre bien educado, inteligente, y determinado. Se jactaba de su pureza religiosa y de sus logros, pero estos atributos no eran nada en comparación al poder de conocer a Cristo. El propósito de su encuentro en el camino a Damasco fue que renunciara a sus habilidades y credenciales y se entregara al Cristo resucitado. Pablo dijo a los Corintios que las dificultades que había experimentado le habían llevado más allá de su habilidad para soportar. Sin embargo, en medio de su desesperanza, él experimentó el consuelo de Dios y su poder (2 Corintios 1:3-11). Las dificultades de Pablo le enseñaron que el tesoro del evangelio es llevado en frágiles vasijas de barro; esta verdad enfatizó que el poder del evangelio viene solamente a través de Dios, no del mensajero (2 Corintios 4:7-12). Usted puede administrar una institución con sistemas de mando y control, pero Jesús fundó un movimiento, no una institución. Llevó a sus seguidores a tener la misma experiencia que Él tuvo con el Padre y el Espíritu Santo. Les envió a los confines de la tierra sin nada más que el mensaje de la salvación y la realidad del poder de Dios. Al centro de cada movimiento misionero dinámico existe una fe apasionada. Ese es el recurso más valioso. Hoy en día, donde el cristianismo se expande rápidamente en el mundo en vías de desarrollo, es con frecuencia el único recurso.

El Cristianismo Se Va Al Sur

> *Mientras viajo, noto un patrón, un extraño fenómeno histórico de que Dios "se mueve" geográficamente, del Medio Oriente, a Europa, a Norte América, al mundo en desarrollo. Mi teoría es esta: Dios va donde se le quiere.*
>
> —**Philip Yancey**

Durante los últimos quinientos años, la historia del cristianismo ha estado ligada a Europa y a culturas derivadas de Europa. El historiador Philip Jenkins escribe que durante el siglo pasado, el centro de gravedad del mundo cristiano se ha desplazado en dirección sur hacia África, Asia, y Latino America[13]. Estas son las regiones en las cuales se encuentran las comunidades cristianas más grandes y con crecimiento más rápido de todo el mundo. También son las regiones en las que la población general crece con mayor rapidez. Si estos patrones continúan, para el 2050, solamente la quinta parte de los tres billones de cristianos del mundo serán blancos no hispanos. Mientras el cristianismo del hemisferio norte está en declive, una nueva era de cristianismo del sur ha nacido.

En 1900, el África colonial tenía una población de 108 millones de personas, de los cuales 8,7 millones, o el 9 por ciento, eran cristianos. La mayoría de esos cristianos eran cópticos y etíopes ortodoxos. Eran inferiores en número a los 34,5 millones de musulmanes —una proporción de 4:1. Para 1962, después de que África se había librado del control colonial, había aproximadamente 145 millones de Musulmanes y 60 millones de Cristianos —una proporción de aproximadamente 5:2. Para 1985, había tomado lugar una enorme expansión de la fe cristiana en medio del pesimismo y el conflicto de la África postindependentista. A menudo las iglesias eran las únicas estructuras viables que permanecían después de la disolución de las instituciones estatales. Irónicamente, los conversos cristianos africanos provenían predominantemente de los pobres y marginados. Hubo más de 16.500 convertidos por día y un crecimiento anual de seis millones de personas[14]. Para el año 2000 había 360 millones de cristianos en África. David Barrett estimó que en el año 2000, 40,6 por ciento de los africanos eran musulmanes y 45 por ciento eran cristianos. De 1900 al 2000, la proporción de musulmanes a cristianos cambió de 4:1 a menos de 1:1. Si los patrones actuales continúan, para el 2025, podría haber 633 millones de cristianos en África, convirtiéndola en el segundo continente cristiano más grande, después de Suramérica (ver Tabla 1 en la página 24).

Los cristianos del sur, ya sean católicos, evangélicos, o pentecostales, son mucho más conservadores en sus creencias y enseñanzas morales que los cristianos del próspero norte. Los cristianos del Sur Global tienen una perspectiva sobrenatural del mundo y están más interesados en la salvación personal que en políticas radicales. Toman con seriedad la Biblia. Es más probable que ellos crean que lo que leen en los evangelios está sucediendo a su alrededor. Creen que el mundo de los apóstoles es una realidad actual. Jenkins observó, "si hay un área de fe y práctica que divide a los cristianos del norte y del sur, es el asunto de las fuerzas espirituales y su efecto sobre el mundo humano en el día a día"[15].

Hace dos años estaba trabajando en casa en un artículo sobre la increíble expansión de la fe cristiana en el mundo en vías de desarrollo cuando alguien tocó el timbre. Me molestó un poco la interrupción, pero a regañadientes abrí la puerta. Me encontré frente a dos chinos que querían hablarme de Jesús. Mientras hablábamos, descubrí que eran misioneros en Australia, enviados de la China comunista. Eventualmente retorné a mi escrito con un recordatorio viviente de que una nueva era en las misiones globales ha comenzado. Hace cincuenta años la incipiente iglesia China se tambaleaba por la

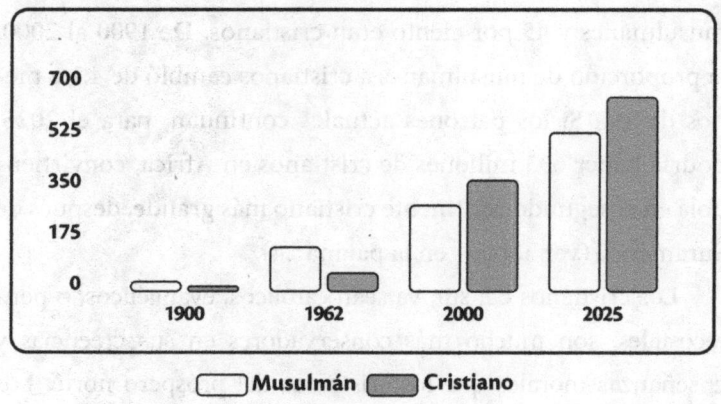

Tabla 1. **Musulmanes y Cristianos Africanos (millones).** David B. Barrett, George T. Kurian, and Todd M. Johnson, *World Christian Encyclopedia: A Comparative Survey of Churches and Religions in the Modern World*, 2nd ed., (New York: Oxford University Press, 2001), 13–18; and Lamin Sanneh, *Whose Religion is Christianity? The Gospel Beyond the West*. (Grand Rapids: Eerdmans, 2003), pp. 14–15.

expulsión de los misioneros de occidente y por la persecución que surgió después de la conquista comunista. Ahora, los fervientes cristianos chinos están en la puerta de mi casa. Hoy, los chinos, coreanos, indios, brasileros, nigerianos y muchos otros son la fuerza que se alza en las misiones globales.

El autor británico Martin Robinson habla acerca de algunos de los fundadores de iglesias que ha conocido en los países en vías de desarrollo del occidente[16]. Ellos son de Haití, Brasil, Etiopía, Colombia, Méjico, Nigeria, y la República Dominicana, solo para nombrar algunos. Con frecuencia trabajan, envían dinero a sus familiares y plantan una iglesia al mismo tiempo. Son mecánicos, choferes de taxi y obreros. Su trabajo duro, fe, compromiso y exuberancia son contagiosos.

El centro de gravedad para la fe cristiana se ha trasladado hacia el sur. Nuevamente, el avivamiento y la expansión han surgido en la periferia.

Trayectoria del Centro Estadístico del Cristianismo Global, d. C. 33-2100. Todd M. Johnson and Sun Young Chung. "Tracking Global Christianity's Statistical Center of Gravity, A.D. 33-A.D. 2100". *International Review of Mission* 93 (April 2004): 166-181. Usado con permiso.

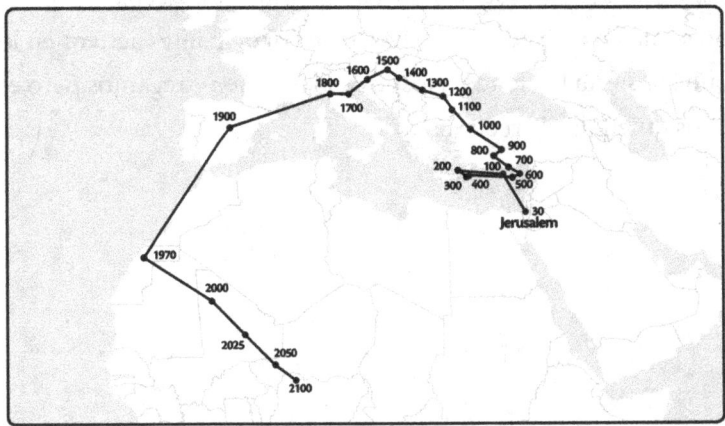

Dios escoge lo que aparenta ser débil y necio para avergonzar lo que aparenta ser poderoso y sabio (1 Corintios 1:25). La fe mueve montañas.

Conclusión

La fe al rojo vivo es el combustible con el cual funcionan los movimientos misioneros. Nada ocurre sin una profunda dependencia de Dios. Nada nos lleva a una sana dependencia en el poder de Dios como el hecho de enfrentarnos a nuestra desesperada necesidad de Él. Jesús es el apóstol y pionero de nuestra fe. Él guió el camino para nosotros en la entrega a la voluntad de Dios y al poder del Espíritu Santo.

La fe al rojo vivo es un factor importante cuando observamos los grandes avances en la expansión de la fe cristiana. Las historias de los moravos y de los pentecostales ilustran su impacto. Los grandes movimientos de la fe cristiana solo son desencadenados a través de la presencia y el poder de Dios en medio de su pueblo que es fiel a su Palabra, guiado por su Espíritu y activo en su misión. Es su campo de cosecha. Nosotros no somos observadores pasivos sino participantes activos en lo que Dios está haciendo. Nosotros plantamos y regamos pero es Dios quien da el crecimiento.

2
COMPROMISO CON UNA CAUSA

> *Mientras las mujeres lloren como lo hacen ahora, yo lucharé.*
> *Mientras los niños pequeños sufran de hambre como lo hacen ahora, yo lucharé.*
> *Mientras los hombres entren y salgan de prisión, yo lucharé.*
> *Mientras aun quede un alma oscura sin la luz de Dios, yo lucharé.*
> *Lucharé hasta el final.*
>
> —**William Booth, Fundador Del Ejército De Salvación**

En septiembre de 1980, un electricista de 37 años llamado Lech Walesa trepó por encima de las cercas de alambre de púas del Astillero Lenin en Gdansk, Polonia, para unirse a sus camaradas en su oposición contra la opresión comunista de la Unión Soviética. Diez años después, Walesa fue elegido presidente de Polonia; en la cercana Alemania del Este, bajo control soviético, el muro de Berlín se derribaba por el ataque de los manifestantes bajo la mirada de los guardias fronterizos. La influencia del comunismo en la Unión Soviética y sus estados satélites fue había sido rota; el sueño marxista de una utopía comunista ya no tenía credibilidad ni para los miembros del partido. Una visión más convincente de una sociedad construida sobre la libertad individual triunfó ese día.

No fue la superioridad de un poder militar lo que derrotó al imperio comunista. Las autoridades podrían haber encarcelado y ejecutado a sus oponentes, como lo habían hecho en el pasado. Todavía tenían poder como para desencadenar un desastre nuclear. El comunismo se disolvió tan rápido como había surgido, pero esta segunda revolución tuvo lugar prácticamente sin el uso de armas de fuego —un ejemplo de las observaciones de Víctor de que "hay algo más fuerte que todos los ejércitos del mundo: una idea en el tiempo oportuno"[1].

Los movimientos que cambian el mundo abordan los temas de mayor importancia. Son causas que hacen demandas de sus seguidores. La apatía no cambia nada y es el signo más seguro de que un movimiento, organización, o sociedad está en declive. El cambio ocurre debido a que las personas se preocupan lo suficiente como para actuar en base a profundas creencias. Escogen "no seguir viviendo divididos"[2].

El poder no depende en última instancia de la fuerza militar o económica sino de la habilidad de movilizar a las personas alrededor de una causa[3]. Sorprendentemente, un clérigo anglicano del siglo dieciocho nos provee un muy buen ejemplo de este principio.

La Revolución Metodista

En 1737, un misionero anglicano en las colonias americanas retornó a su hogar en Inglaterra, derrotado y deprimido. Desesperanzado decía, "fui a América para convertir a los indios; Pero, oh, ¿quién me convertirá a mí?"[4]. El nombre del misionero era John Wesley, el fundador del movimiento metodista.

A través de su contacto con misioneros moravos, Wesley percibió la ineptitud de su propia fe. Él no tenía el gozo y la libertad que poseían los moravos para seguir a Cristo. Él no conocía la gracia de Dios. En una entrada de su diario marcada con la fecha 24 de mayo de 1738, describió cómo fue obligado a asistir a una reunión morava en la calle Aldersgate en Londres, donde se hallaban estudiando el libro de Romanos. Eran las nueve menos cuarto y el líder estaba describiendo el cambio que Dios obra en el corazón por medio de la fe en Cristo, Wesley sintió que su corazón se "calentó extrañamente". Escribió, "sentí que sí confiaba solo en Cristo para salvación; y me fue dada una certeza de que Él se había llevado mis pecados, aun los míos, y me había librado de la ley del pecado y la muerte"[5].

Lo que Wesley había buscado lograr con su propia fuerza —la seguridad de la salvación y el poder para vivir— lo había recibido ahora por medio de su dependencia de Dios. El cambio en John Wesley propició uno de los movimientos más grandes en la historia de la iglesia.

Impulsado por su encuentro con Dios en Aldersgate, Wesley viajó por Gran Bretaña con la intención de convertir y discipular a la nación y de avivar a la iglesia en declive. En sus propias palabras, su misión era "reformar la nación, por medio de la difusión de la santidad bíblica a lo largo de todo el territorio"[6]. Su propósito era establecer un movimiento de personas que estaban aprendiendo a obedecer a Cristo y a caminar como él lo hizo.

Pronto Wesley se encontró predicando a grandes multitudes. La intensidad del compromiso de Wesley le trajo conflictos con la Iglesia de Inglaterra. Predicaba en los templos de las iglesias cuando los cleros locales le daban permiso, pero con frecuencia fue forzado a seguir el ejemplo de su amigo George Whitefield y predicar el evangelio al aire libre. Cuando a Wesley le prohibieron predicar en la antigua iglesia parroquial de su padre, se paró afuera de la tumba de su padre y predicó a miles. Él declaró, "¡el mundo es mi parroquia!".

Wesley no estaba interesado simplemente en atraer multitudes. Lo que distinguió a Wesley de los demás no fue el evangelio que predicaba sino su habilidad de reunir a los convertidos en un movimiento disciplinado. En su diario escribió: "el mismo diablo no desea otra cosa más que esto, que las personas de cualquier lugar se despierten a medias y luego se les deje a solas para que se vuelvan a dormir. Por tanto, estoy determinado por la gracia de Dios a no trabajar en ningún lugar donde no pueda hacer seguimiento a mi labor"[7]. Como estratega y brillante innovador, ideó y adaptó estructuras que fortalecían y unían a sus seguidores, mientras facilitaba la rápida expansión del movimiento.

Wesley multiplicó una variedad de grupos —clases, bandas y sociedades— para conducir individuos a su conversión y luego asegurar su progreso en el discipulado. El requerimiento para unirse a una clase metodista era "el deseo de huir de la ira venidera". La mayor parte de las conversiones ocurrieron en las clases, en lugar de la predicación en el campo. Las clases también eran la unidad disciplinaria del movimiento. Se preguntaba al estado sobre el estado del alma de cada miembro, y los infractores impenitentes eran expulsados de la comunidad. Howard Snyder describe las clases como "iglesias en casas" reuniéndose en los diversos barrios donde las personas vivían. Los líderes de las clases (tanto hombres como mujeres) eran pastores y discipuladores[8].

Todos los metodistas eran miembros de las clases. Aquellos quienes claramente se habían convertido pasaban a unirse a las "bandas". Mientras el enfoque de las clases estaba dirigido a la conversión y la disciplina, el enfoque de las bandas era la confesión y el cuidado pastoral. Las "sociedades" estaban conformadas por todas las clases y bandas en un área local. Wesley se negó a predicar la doctrina cristiana sin disciplina. Él consideraba que no podía existir un verdadero cristianismo sin ambas; era preferible perder miembros que perder la disciplina. El metodismo era un lugar para hallar apoyo y rendir cuentas en la batalla contra el pecado. Un metodista no podía renunciar a la batalla y permanecer en el movimiento por mucho tiempo. En 1748 Wesley visitó la sociedad Metodista de Bristol y expulsó a 170 de sus 900 miembros por motivos que incluían contrabando, pronunciar malas palabras, borrachera, maltrato a esposas, y disputas[9]. Él escribió que predicar como un apóstol sin reunir a los conversos para que aprendan los caminos de Dios "es simplemente engendrar hijos para la destrucción"[10].

Las acciones de Wesley suenan drásticas a nuestros oídos; nos ayudan a entender por qué Wesley polarizaba a las personas en su tiempo. Hoy, su compromiso con la santidad le hubiera etiquetado como un fundamentalista peligroso —lo cual probablemente explica por qué los líderes de movimientos solamente son "santificados" *después* de muertos. Pero Wesley nunca usó su poder sobre el movimiento metodista para ganancia personal. Su estricta disciplina era el resultado de una profunda convicción interna con respecto a la severidad del pecado y el juicio inminente de Dios. Él realmente creía que las personas estaban perdidas sin Cristo. Él creía que el pecado traía destrucción en esta vida y en la venidera. También creía que la fe en Cristo, podía y debía resultar en una obediencia amorosa a sus mandamientos.

Por medio de su sistema de clases, bandas y sociedades, los metodistas se unían para animarse mutuamente, confesar sus pecados, orar unos por otros, y rendirse cuentas unos a otros para progresar en la fe. Sin este sistema para el cuidado y la movilización de los metodistas convertidos, Wesley simplemente habría sido conocido como un gran evangelista, el segundo después de Whitefield. Sin embargo, logró fundar un movimiento que excedía por mucho sus propios logros personales. Wesley a una multitud de personas que estaban fuera de la iglesia anglicana, y convirtió a miles de ellos en obreros comprometidos a la causa del metodismo —predicadores itinerantes, líderes de grupos, educadores y visitadores de enfermos y prisioneros.

Se esperaba que cada metodista tuviese un ministerio. Por lo menos uno en diez tenía una posición formal de liderazgo dentro del movimiento. Muchos de esos líderes eran mujeres, incluso algunos de los predicadores de Wesley. Los oponentes en el clero anglicano condenaban la "prostitución de la función ministerial" y se burlaban de los pobres e iletrados metodistas que "pretendían estar embarazados con el mensaje del Señor"[11]. Para Wesley, ellos eran ministros del evangelio. Él tuvo un intenso interés en su desarrollo, examinando a sus líderes y predicadores cada año para asegurarse de su compromiso, fe, carácter y efectividad. A los metodistas se les otorgaban "tickets de membresía" que eran renovados trimestralmente. La disciplina y rendición de cuentas en cada nivel se convirtieron en los distintivos claves del movimiento metodista.

Wesley fue capaz de inspirar compromiso a la causa metodista porque él mismo encarnaba ese compromiso. Soportó oposición y burla por parte de sus compañeros en la iglesia y en la sociedad. Él resistió la violencia de las turbas que aparecían para interrumpir sus reuniones. Vivió una vida austera y se apartó de cada distracción a su llamado. Soportó la tensión de los constantes viajes a caballo y los largos e intensos días de trabajo. Viajó más de 400.000 kilómetros a caballo, predicó 40.000 sermones, y vio más de 100.000 conversiones. Para el final de su vida había alrededor de 71.463 metodistas en Gran Bretaña y 61.811 en los Estados Unidos[12]. El metodismo estaba bien encaminado en su proceso de convertirse en un movimiento global. Hoy existen más de 33 millones de metodistas en el mundo y muchas personas más en los movimientos que Wesley inspiró.

Aunque hubo varios factores que influyeron en esta increíble expansión, ninguno fue más importante como la disciplina de los metodistas y su compromiso con la causa. El compromiso con la causa es la esencia de los movimientos. Es el aire que respiran, la razón por la que existen.

Cultivando Compromiso

Los movimientos religiosos dinámicos son claros sobre lo que creen y la razón por la que existen. No confunden sus creencias con las creencias de otras fes. Solo aceptan y retienen a miembros completamente comprometidos con las creencias y las prácticas del movimiento. Construyen lazos fuertes entre sus miembros para incentivar el apoyo mutuo y la rendición de cuentas.

Como la mayor parte de los movimientos, el metodismo finalmente se desvió de sus altos niveles de compromiso y pasó a ser indulgente. Se convirtió en una institución socialmente aceptable y perdió su celo evangelistero. Prácticas como la confesión de pecados en grupos pequeños, se desvanecieron a medida que sus miembros se volvieron más refinados y su clero se profesionalizó. Una vez que el compromiso se desvanece, es casi imposible recuperarlo[13].

Hay tres factores que hacen posible que un movimiento mantenga un fuerte compromiso a su causa: el carisma fundador, la alineación y la tensión media.

Carisma fundacional: identidad única y llamado. Para sobrevivir, todo ser viviente está constantemente cambiando y constantemente manteniéndose igual. Si una organización no hace ambas cosas, deja de existir. Los organismos vivientes constantemente buscan renovarse a sí mismos refiriéndose a su identidad esencial y adaptándose a su ambiente[14]. De la misma forma, los movimientos deben adaptarse a los cambios en su ambiente y al mismo tiempo mantenerse fieles a su propia identidad (hablaremos más de este tema cuando miremos los "métodos adaptativos" en el capítulo 5).

Las órdenes religiosas católicas hacen referencia a su identidad y misión única como su "carisma fundacional" —su don de gracia desde su fundación[15]. Las órdenes religiosas más eficaces saben quiénes son; protegen su carisma fundador a pesar del transcurso del tiempo mientras se adaptan a un mundo cambiante. Sus métodos pueden cambiar, pero la causa se mantiene igual.

Una clara identidad y un plan de cambio crean una tensión entre el ideal promovido por el movimiento y su realidad presente. El cambio transformacional es el resultado de esa tensión.

El ideal de Wesley era la conversión y el discipulado de una nación, la renovación de una iglesia caída, y la expansión de la "santidad bíblica" a través de todo el territorio. Él construyó todo alrededor de este propósito central y adaptó las estructuras y estrategias para lograr este propósito. El resultado fue un movimiento expansivo que ahora se extiende por varios siglos.

Con el pasar del tiempo, cada movimiento se desvía de su carisma fundacional y solo puede ser renovado si se regresa al mismo de una forma fresca. Ese retorno debe ser tanto fiel al llamado único del movimiento como innovador en la forma de vivir ese llamado[16].

Alineación: mecanismos de compromiso. El tener una identidad y misión clara es solamente el inicio. Cada aspecto del movimiento debe estar alineado con su propósito predominante. El sistema de clases, bandas y sociedades de Wesley le aseguraba no solamente lograr convertir a la gente, sino también canalizarlos hacia un movimiento disciplinado y enfocado. Su disciplina a los miembros infieles y el examen regular de los líderes locales y jinetes de circuito le aseguraba que el compromiso se mantuviera.

Los movimientos eficaces desarrollan "mecanismos de compromiso" que aseguran que el comportamiento individual y grupal esté alineado con la identidad y el propósito[17]. Los mecanismos de compromiso incluyen fuertes lazos de relación, sacrificio personal, y la expectativa de obediencia a las normas del grupo.

Los investigadores Jim Collins y Jerry Porras descubrieron que las compañías verdaderamente grandiosas incentivaron un compromiso a una ideología que impregnaba todas las áreas de la organización. Para estas empresas, la alineación era parte de la selección y el entrenamiento de nuevos empleados, el proceso por el cual se descartaban empleados que no encajaban con la ideología y la promoción de aquellos que sí lo hacían. Estas compañías también incentivaron activamente fuertes lazos sociales dentro de la organización. Los investigadores encontraron que la alineación a una ideología clara permitió a las organizaciones dar libertad a sus obreros para experimentar, cambiar, adaptar, y —sobre todo— actuar[18].

Esto es precisamente lo que logró Wesley. La causa metodista era clara y reforzada por cada aspecto de la vida metodista. Solo aquellos que se mantenían comprometidos a la causa permanecían dentro del movimiento. Los miembros daban sus vidas, su creatividad, su tiempo, y su dinero a una causa en la que creían profundamente. Fue este contexto de compromiso lo que permitió a los metodistas llevar el evangelio a los confines de la tierra.

Tensión media: Distinto pero conectado. El compromiso a una causa atrae tanto admiración *como* oposición. El metodismo, por ejemplo, atrajo innumerables burlas por parte de la sociedad refinada y violencia por parte de las masas.

Esta confrontación fortalece la determinación y la unidad dentro de los miembros de un movimiento, pero existen límites respecto a cuan alto puede ser el nivel de compromiso antes de que un movimiento sea aislado de la cultura a su alrededor. Los movimientos exitosos encuentran el punto de "tensión media" en relación al ambiente que les rodea[19]. Los niveles de compromiso son altos, pero nunca tan altos como para que los miembros potenciales consideren el unirse al movimiento como una separación total de sus relaciones y cultura.

Es posible que una fe religiosa esté tan aislada de la cultura que la rodea que altamente improbable la posibilidad de conversión, excepto por un número limitado de antisociales e inadaptados. Si un movimiento es considerado demasiado distante de lo convencional, puede que solo reclute quienes están socialmente aislados. Sin embargo, a menos de que un movimiento religioso sea exigente y diferente, no será tomado seriamente como una alternativa religiosa. Los movimientos deben mantener un balance entre la conformidad y la separación y entre la innovación y continuidad dentro de una cultura o red social[20].

¿Cómo vivió Wesley esta tensión media? Sorprendentemente, Wesley se mantuvo como anglicano durante toda su vida. Él amaba a la iglesia anglicana, y veía a sus sociedades metodistas como un movimiento de renovación dentro del anglicanismo. El metodismo solo se convirtió en una denominación aparte después de su muerte.

Como movimiento, el metodismo fue libre para actuar sin las restricciones del sistema anglicano —pudiendo atraer a seguidores comprometidos que habían sido alienados de más respetable pero tibia religión convencional. Al permanecer en el anglicanismo, las sociedades metodistas tenían menos probabilidad de ser vistas como una versión desviada de la fe cristiana. Eran distintos pero al mismo tiempo estaban conectados a la cultura que les rodeaba. Como resultado, el metodismo tenía la mejor parte de ambos mundos —altos niveles de compromiso de parte de los miembros *y* conexión con la cultura.

El investigados Christian Smith contrasta el evangelicalismo americano con el protestantismo fundamentalista y con el liberal: él sostiene que lo que distingue al evangelicalismo es su "ortodoxia comprometida". Los evangélicos americanos permanecen comprometidos a la teología y creencia protestante ortodoxa. Al mismo tiempo, están sumergidos confiada y proactivamente en la vida intelectual, cultural, social, y política de la nación. Son distintos *y* están conectados[21].

En contraste con esto, el fundamentalismo es una forma de protestantismo defensivamente separada de la cultura que le rodea. Es distinta y no tiene conexión con el mundo. Como resultado, el fundamentalismo es un movimiento que gira alrededor de sí mismo, con falta de vitalidad. Los protestantes liberales han decidido tomar una posición aún más errada. Se encuentran conectados a la cultura prevalente más no se diferencian de ella. Su adaptación a los valores seculares que le rodean reduce la tensión con la cultura pero al mismo tiempo debilita su habilidad de afectar a esa cultura. Lo que resulta del protestantismo liberal es el deseo de reinterpretar la fe cristiana con las categorías, valores y compromisos del mundo moderno y posmoderno.

La clave para la vitalidad del evangelicalismo, entonces, es la habilidad de existir en tensión con la cultura que le rodea y al mismo tiempo mantenerse conectado con ella. Wesley mantuvo esa tensión; también lo hizo Jesús.

Jesús Y El Compromiso A Una Causa

¡Cuando Jesús llama a un hombre, le llama a venir y morir!

—**Dietrich Bonhoffer**

Al inicio de su ministerio, Jesús proclamó, "Se ha cumplido el tiempo. El reino de Dios está cerca. ¡Arrepiéntanse y crean en las buenas nuevas!" (Marcos 1:15). La causa de Jesús era el reino de Dios. El establecimiento del reinado de Dios por medio de Jesús era una buena noticia porque trajo sanidad a los enfermos, liberación de Satanás y los demonios, la oferta del perdón y una nueva relación con Dios el Padre, y la promesa de la vida eterna[22].

Jesús llamó a las personas al arrepentimiento y a la fe. El cimiento del discipulado era un compromiso personal con Jesús: la autonegación era el fruto de ese compromiso. Los discípulos abandonaron todo y vivieron un estilo de vida que podría denominarse de "guerra". Dejaron sus ocupaciones y sus familias. No tenían un pueblo al cual llamar hogar. Esperaron y experimentaron conflicto y persecución. Un sentido de urgencia mantuvo a Jesús como a sus seguidores yendo de pueblo en pueblo mientras anunciaban y demostraban la realidad del gobierno de Dios.

¿Cuál fue la misión de Jesús? De forma positiva, dijo que vino para que tuviéramos vida y la tuviéramos en abundancia. Vino al mundo como una luz para que cualquiera que creyera en él no viviera más en oscuridad. Vino a buscar y a salvar lo que se había perdido[23].

Pero su misión no solo trajo luz, vida, y salvación, también trajo división y espada. Vino a traer fuego al mundo, y anhelaba que fuera encendido. Vino a poner a un hombre en contra de su padre, a una hija en contra de su madre, y a una nuera en contra de su suegra. Vino a traer juicio para que los ciegos pudieran ver y para que los que pueden ver fueran enceguecidos[24].

Jesús demostró un compromiso inamovible a su misión. Antes de empezar su ministerio público, ganó una batalla privada contra los intentos de Satanás de desviarlo de la verdadera naturaleza de su misión. Se enfrentó al escrutinio continuo y la oposición de los líderes religiosos. En el momento indicado, se hizo el firme propósito de ir a Jerusalén para morir por la causa que defendía. Murió abandonado por sus compañeros más cercanos.

Jesús esperaba el mismo compromiso inamovible de parte de sus discípulos. Esperaba que sus discípulos más cercanos abandonaran sus medios de vida, que dejaran atrás sus casas, y le siguieran. Los pescadores dejaron atrás sus redes, los colectores de impuestos cerraron sus libros, y los esposos y padres dejaron atrás sus hogares. Le dijo a un hombre joven que vendiera todo lo que tenía, se lo diera a los pobres, y le siguiera. Jesús desafió a un discípulo a escoger entre seguirle o enterrar a su padre.

En una ocasión, cuando algunos de sus seguidores se ofendieron por sus enseñanza y se marcharon, él se volvió a los doce y les preguntó, ¿También ustedes quieren marcharse? (Juan 6:67). Los discípulos de Jesús eran libres de irse si él los ofendía, y él permitió que se equivocaran y cometieran errores. Pero nunca suavizó su llamado a un compromiso total por la causa del reino. Jesús esperaba que sus seguidores tuvieran el mismo compromiso que él tuvo. Solamente aquellos dispuestos a tomar su cruz y seguirlo podían ser sus discípulos. Su lealtad hacia él tenía que estar por encima de cualquier otra lealtad. Él dijo a sus discípulos que los estaba enviando como a ovejas entre lobos. Serian odiados, perseguidos, y puestos en la cárcel; algunos inclusive serian heridos de muerte. Ningún discípulo que desertaba a este llamado era digno de él (ver Mateo 10).

En el corazón del movimiento misionero de Jesús estaban sus discípulos más cercanos, quienes viajaban y ministraban con él, y quienes fueron enviados como misioneros. Ellos renunciaron a sus empleos regulares y dejaron sus hogares para unirse a su equipo misionero móvil. Un círculo más grande de hasta quinientas personas siguió con su vida normal, aunque algunas de ellas viajaron con Jesús por cortos periodos de tiempo. Más allá de estos quinientos estaban las multitudes de miles de personas, una mezcla de opositores, curiosos, buscadores de milagros y potenciales discípulos. Jesús ministró intencionalmente dentro de cada uno de estos círculos concéntricos, pero su prioridad más grande era enseñar y entrenar intensivamente a los pocos que conformaban el centro comprometido de su movimiento.

Jesús dejó la expansión de su movimiento cristiano en manos de sus seguidores, quienes fueron llenos del Espíritu Santo para este propósito. Por un lado, la iglesia que surgió después del Pentecostés atraía a las personas, pero por otro lado, los repelía. En Jerusalén, a raíz del juicio de Dios sobre Ananías y Safira, nadie más se atrevió a unirse a los seguidores de Jesús, aunque los tenían en alta estima. Sin embargo, de forma paradójica, Lucas relata que números crecientes de hombres y mujeres creyeron en el Señor y fueron añadidos a la iglesia (Hechos 5:13-15).

Las personas de Jerusalén estaban al tanto de la clara distinción entre aquellos que creían en Jesús y aquellos que no lo hacían. Sabían que también ellos podían unirse al movimiento cuando quisieran, pero no sin el arrepentimiento y la fe. Había algo con respecto a la iglesia de Jerusalén que por un lado era atractivo, y por otro lado peligroso.

La iglesia neotestamentaria tuvo una buena cantidad de errores, pecados, y herejías, más ningún escritor del Nuevo Testamento consideró estas situaciones como algo aceptable. Pablo amonestó a los gálatas por abandonar el evangelio. Asignó a cualquier persona que predicaba otro evangelio a la condena eterna. Advirtió a los corintios del peligro de disfrutar la idolatría y la inmoralidad sexual, y les advirtió que si no escuchaban se enfrentarían al juicio de Dios como lo hicieron los Israelitas.

De igual forma, el autor de Hebreos llama a sus lectores a perseverar en medio de la persecución, y les recuerda de los peligros que hay al ignorar la disciplina de Dios. Pedro advirtió sobre los falsos maestros en la iglesia quienes traían destrucción sobre sí mismos. En su epístola de amor, Juan escribe en contra de aquellos que habían desertado de la iglesia y negaban que Jesús es el Cristo. Dejó muy claro que aquellos que niegan al Hijo también niegan al Padre. Etiquetó a las personas que enseñan tales cosas como "anticristos". El libro de Apocalipsis empieza con una serie de cartas para las iglesias con palabras de ánimo y advertencias de mantenerse fieles al evangelio tanto en doctrina como en comportamiento. El Cristo resucitado declara, "Yo reprendo y disciplino a todos los que amo. Por lo tanto, sé fervoroso y arrepiéntete" (Apocalipsis 3:19)[25].

Claramente, la iglesia del Nuevo Testamento continuó con el patrón que Jesús estableció de demandar fidelidad al evangelio en doctrina y comportamiento. Hay gracia y disciplina para aquellos que se extravían, pero también advertencias, amonestación, y expulsión para aquellos que muestran desprecio por las riquezas de la bondad de Dios.

El llamado de Jesús al discipulado entra en conflicto con cada cultura y cada corazón humano. En el occidente, confronta nuestro individualismo moderno/posmoderno. No estamos cómodos con un Dios que nos demanda cosas. Nos sentimos incómodos con la idea de que el creador del universo tenga una opinión con respecto a cómo deberíamos comportarnos. No reconocemos ninguna autoridad más que la nuestra.

No nos sometemos fácilmente a la autoridad de las Escrituras ni a la del cuerpo de Cristo.

El llamado al compromiso es difícil de escuchar. Crea tensión con el mundo que nos rodea. Pero la gracia y la verdad son un requerimiento para salvar un mundo perdido.

La Razón Por La Que Los Anglicanos De Sídney No Son Populares

> *Lo que sufrimos hoy es de humildad en el lugar equivocado. La modestia se ha trasladado desde el órgano de la ambición. La modestia se ha establecido sobre el órgano de la convicción, donde nunca debía estar. El hombre fue diseñado para cuestionarse a sí mismo, pero no cuestionar la verdad; esto ha sido revertido por completo.*
>
> **—G.K. Chesterton**

Las instituciones religiosas en declive pecan por "omisión" —el problema está en lo que *no* hacen. Los movimientos, en contraste, pecan por "comisión"; es lo que *hacen* lo que molesta a todos.

La Diócesis Anglicana de Sídney es una de las diócesis evangélicas más conservadoras del mundo. Ha sido así desde la colonización Británica de 1788. Desde entonces, el resto de la iglesia anglicana y la sociedad australiana han cambiado. Los Anglicanos de Sídney han adaptado sus formas y métodos, pero rehúsan alterar sus convicciones respecto a la verdad de las Escrituras y el evangelio.

Un crítico anglicano los etiquetó como "fundamentalistas" cerrados, rígidos e ideológicos en su acercamiento a la vida, las Escrituras y la iglesia. Un teólogo anglicano los describió como "espiritualmente peligrosos para la salud de la iglesia y la sociedad" y los llamó a arrepentirse de su mentalidad cerrada[26]. Este es uno de los indicadores más claros de que los Anglicanos de Sídney son un movimiento dentro del anglicanismo; la fuerte reacción que provocan de parte de la prensa e incluso otros Anglicanos. Los movimientos definen claramente su identidad y tienen una agenda de cambio. Eso provoca una tensión con los demás.

Hay iglesias convencionales que son más aceptadas por la sociedad en Australia que la de los Anglicanos de Sídney. Nadie tiene problemas con estas otras iglesias, y nadie las toma en serio. Fuera de la Diócesis de Sídney, el anglicanismo australiano se encuentra en un declive serio que cada vez empeora. La mitad de todos los asistentes a iglesias anglicanas adultos tiene más de sesenta años de edad[27]. Pronto, la categoría de edad más prominente en los miembros de la iglesia anglicana será de 70-79 años. Los miembros están muriendo y no están siendo reemplazados.

En contraste con otras diócesis, los Anglicanos de Sídney están ordenando clero en números record y están mostrando un crecimiento en asistencia, congregaciones y nuevas iglesias. Parece como si los australianos ordinarios respondieran bien a estos "fundamentalistas peligrosos". Cualquiera que sea el futuro del cristianismo australiano, no será un futuro anglicano, a menos que sea Anglicano de Sídney.

¿Qué hace que estos Anglicanos de Sídney sean diferentes? En esencia, su compromiso inamovible a lo que creen y su disponibilidad de convertir esa convicción en una acción. El Plan de Entrenamiento para Ministerio (PEM) es un buen ejemplo. El plan ofrece entrenamiento de discipulado en un ministerio bíblico en iglesias por toda Australia. El propósito del PEM es "entrenar a hombres y mujeres que puedan declarar la obra salvadora de Cristo en el mundo"[28]. Los participantes son reclutados de entre los mejores líderes jóvenes en las diócesis. El PEM busca líderes que puedan abrir nuevos caminos para el evangelio y a su vez puedan entrenar a otras personas para hacer lo mismo. Lo académico no aplica necesariamente.

El PEM toma seriamente tanto el ministerio práctico como el entrenamiento teológico. Los pasantes ocupan la mayor cantidad de su tiempo haciendo evangelismo, en ministerios para jóvenes, liderando conferencias y campamentos y enseñando y pastoreando grupos pequeños de discipulado. Aprenden a presentar el evangelio uno a uno, a grupos pequeños y a grupos grandes. Cada pasante es animado a hacer algo nuevo —idealmente entre inconversos. El PEM desarrolla asociaciones de largo plazo con iglesias y pastores que proporcionan aprendices con experiencia en ministerio, entrenamiento, y discipulado. Los pasantes son provistos de un sueldo básico por sus iglesias, lo cual les permite dedicarse al programa a tiempo completo. Cada semana, los pasantes se reúnen con un pastor-entrenador calificado que analiza su ministerio y los ayuda en la reflexión teológica. Los pastores-entrenadores son escogidos por su ministerio bibliocéntrico y su carácter piadoso. Muchos de los aprendices terminan en la Universidad Teológica Moore de la diócesis, donde empiezan su educación teológica formal con aprobación sus líderes y experiencia. Eventualmente, retornan a la obra como reclutadores y entrenadores de nuevos pasantes.

Para el año 2006, hubo 1.000 pasantes que participaron en el plan; y alrededor del 40 por ciento fueron mujeres. En ese año, 240 pasantes fueron ubicados en 88 ministerios de iglesias o universidades. Los graduados ahora trabajan en áreas de comunicación y artes, educación, como pastores y fundadores de iglesias, y como misioneros interculturales en seis diferentes países. Ninguna otra diócesis se aproxima al logro que tuvo Sídney en el desarrollo de la próxima generación de líderes. El precio que se paga por marcar la diferencia es que no todos están contentos con ellos.

Conclusión

El compromiso no garantiza la rectitud de una causa, pero si determina la probabilidad de que la causa haga la diferencia. Las personas comprometidas hacen historia. Viven alineados a sus convicciones más profundas. Los movimientos misioneros construyen entornos que sostienen y refuerzan el compromiso a la causa. Están en tensión con el mundo que les rodea porque tienen un plan de cambio. También están profundamente conectados con el mundo. Es la combinación de estar conectados y al mismo tiempo ser distintos lo que permite a los movimientos hacer historia.

3
RELACIONES CONTAGIOSAS

Toda amistad verdadera es una especie de separación, o incluso una rebelión... En cada círculo de amistad existe una "opinión pública" sectorial que fortalece a sus miembros contra la opinión pública de la comunidad en general. Por lo tanto cada uno es potencialmente un foco de resistencia.

—C. S. Lewis

El héroe de mi padre durante su niñez fue su primo mayor, Jim Spence. Jim se crió en el campo Australiano. Con el estallido de la segunda guerra mundial avecinándose, Jim y seis de sus amigos mintieron acerca de sus edades y se unieron al ejército Australiano. Jim tenía dieciséis años.

Cuando inició la guerra, los adolescentes entraron en combate en el Norte de África. Luego fueron desplegados para combatir en las selvas de Nueva Guinea, una isla al norte de Australia. Como adolescente joven, mi padre esperaba ansiosamente escuchar noticias sobre las aventuras de guerra de Jim.

De todos sus amigos, Jim fue el único en regresar vivo a casa. Retornó como héroe y se mudó a Sídney para vivir con la familia de mi padre. Jim se convirtió en un hermano mayor para mi padre. En las noches calurosas dormían afuera en el balcón bajo de las estrellas y fumaban la ración militar de tabaco de Jim.

Jim no estaba bien del todo. Se encontraba profundamente afectado por sus horribles experiencias en la guerra. Se deprimió y consideró suicidarse. Un domingo por la tarde Jim tocó fondo. Había estado tomando, y decidió que se lanzaría del puente del puerto de Sídney. Mientras se dirigía hacia el puerto, podía escuchar música y cantos. Un evangelista estaba predicando al aire libre. En ese momento Jim entendió que solamente Dios lo podía rescatar y puso su fe en Jesús —¡para horror de mi padre!

Para ese entonces mi padre tenía dieciocho años. Él había tomado sus estudios secundarios a la ligera, haciendo lo menos posible y metiéndose en muchos problemas. Su único amor era el rugby. No podía entender ni aceptar que su primo héroe de guerra se hubiese "vuelto religioso". Jim invitó a mi padre a varias reuniones cristianas, pero mi padre no quería saber nada de ellas.

Unos cuantos meses después mi padre se hallaba en cama sufriendo por un ataque de paperas. Jim vino a visitarlo y lo desafió a considerar el rumbo por el cual se dirigía su vida. Mi padre había presenciado el cambio en Jim, quien ahora estaba planeando retornar a la selva de Nueva Guinea, no como soldado, sino como misionero. Por medio del ejemplo de Jim mi padre se dio cuenta de que su propia vida carecía de significado y propósito. Finalmente, mi padre aceptó a ir con Jim a escuchar a un evangelista americano. Esa noche en la reunión mi padre entregó su vida a Cristo. Dejó atrás el rugby y comenzó a entrenarse para ser misionero, como Jim, a Nueva Guinea. Unos cuantos años después, culminó sus estudios teológicos y se casó con mi madre. Navegaron rumbo a Nueva Guinea en 1951 como misioneros pioneros.

Jim pasó el resto de su vida como misionero en Nueva Guinea. Después de retornar del servicio misionero, mi padre pasó el resto de su vida laboral en el ministerio —primero como pastor en Australia y posteriormente como director de una agencia cristiana de bienestar.

Todo cambió cuando mi padre vio la transformación en Jim. Hasta ese entonces, mi padre no había sentido la necesidad de tener su propia fe. La dramática conversión de Jim en las calles de Sídney es la excepción. La conversión de mi padre a través de una relación cercana es la regla. Así como un virus, el evangelio se transmite por medio de relaciones contagiosas preexistentes.

El Ascenso Del Cristianismo

Finalmente, todas las preguntas sobre el ascenso del cristianismo son una sola: ¿Cómo se logró?

> *¿Cómo un oscuro y minúsculo movimiento mesiánico de las afueras del Imperio Romano expulsó al paganismo clásico y se convirtió en la fe dominante de la civilización occidental?*
> —**Rodney Stark**

Podemos aprender algo acerca de la naturaleza de la expansión del cristianismo por medio de uno de sus primeros ataques documentados. Celso, un filósofo griego del segundo siglo, escribió que el cristianismo era la fe de los esclavos, mujeres y niños sin educación. Se quejó de que se divulgaba de casa en casa "por medio de tejedores, coperos, lavanderos, y los patanes más iletrados y bucólicos" que claman ser los únicos que conocían la manera correcta de vivir[1].

En el año 30 d. C., siete semanas después de la muerte y resurrección de Jesús, 120 hombres y mujeres se reunieron en Jerusalén para esperar y orar por el Espíritu Santo prometido. Ese día, el movimiento que Jesús había fundado alcanzaba a cientos de personas. Para el final del día, eran miles. A finales del primer siglo ese número había crecido a 100.000. Para el año 300 d. C. el número había aumentado a cerca de seis millones de personas, o alrededor del 10 por ciento de la población del Imperio Romano[2]. La expansión del cristianismo fue rápida y espontánea; sucedió sin una organización coordinadora centralizada. Solo el estado romano rivalizaba con el cristianismo en expansión geográfica e influencia. Eventualmente, Roma se vio obligada a hacer las paces con el cristianismo.

Ningún movimiento —social, religioso o político— logró un avance tan rápido en una cultura dominante sin la ayuda de una fuerza militar. ¿Cómo se logró esto?

En el primer siglo, la mayoría de los cristianos eran judíos, y sus redes de amistad y familiares eran judíos. Si existía una iglesia cristiana en tu vecindario, probablemente vivías en una gran ciudad portuaria que también albergaba una comunidad Judía —Alejandría, Cartago, Corinto, Éfeso, Roma, o Tesalónica[3]. Los judíos helenistas (griegos en idioma y cultura) que vivían fuera de Israel eran las personas en el imperio que mejor respondían al evangelio cristiano. Ellos tenían lazos más débiles con su fe tradicional y eran más abiertos a nuevas ideas. El apóstol Pablo logró su misión de alcanzar a los gentiles alcanzando primero a estos judíos en las ciudades gentiles portuarias. La red de sinagogas helenistas distribuidas en el imperio fue la cabeza de playa por medio de la cual se difundió el evangelio con profundidad.

Lo que fue cierto para Pablo también fue cierto para la gran multitud de cristianos ordinarios que difundieron el evangelio a través del imperio. La historia se ha enfocado en los logros de las figuras líderes de la iglesia primitiva —apóstoles, profetas, líderes, y evangelistas que jugaron un papel en formar un movimiento de rápida expansión— pero ellos fueron la excepción, no la regla. En su mayoría, el cristianismo primitivo no fue difundido por "profesionales" sino por personas ordinarias, cuyos nombres y obras no fueron registrados. A través de sus redes sociales de parientes y amigos alcanzaron a los judíos helenizados que vivían fuera de Israel.

Las autoridades romanas buscaron frenar la expansión del cristianismo atacando a sus líderes. Ellos asumieron que si cortaban la cabeza, el resto del cuerpo moriría. Las religiones paganas con las que estaban acostumbrados a tratar eran organizaciones elitistas apoyadas por el estado y guiadas por sacerdotes profesionales. Sin embargo, su estrategia de atacar a líderes cristianos no funcionó porque el cristianismo primitivo era un movimiento masivo con tropa de elevado compromiso que estaba activa compartiendo su fe[4].

Las conversiones cristianas se sucedían a través de redes de relaciones. Los misioneros con frecuencia guiaron el camino, pero su enfoque ministerial era hacer contacto inicial con miembros de un grupo social. Una vez que algunos de los miembros del grupo aceptaban a Jesús, se convertían en personas claves para expandir el evangelio al resto de la red social, mientras que el misionero cumplía un rol de apoyo[5].

Es por eso que Celso se quejó de que la nueva fe se difundía de casa en casa por tejedores, coperos, lavanderos, patanes iletrados y bucólicos. Él tenía razón en preocuparse; el factor más importante para predecir conversiones son las relaciones, en especial las relaciones preexistentes y positivas. Ningún movimiento puede sostener un crecimiento exponencial si la expansión es primordialmente la responsabilidad de profesionales pagados. El cristianismo creció exponencialmente por los esfuerzos de personas ordinarias inspiradas y apoyadas por misioneros como Pablo.

La conversión es un fenómeno social; con frecuencia tiene

que ver con aceptar la fe de un amigo[6]. Sin importar las antiguas creencias de una persona, esta es mucho más propensa a adoptar una nueva fe si ve a un familiar o amigo convertirse a esa fe. A medida que el número de amigos y familiares recientemente convertidos incrementa, también incrementa la probabilidad de conversión[7].

A medida que los movimientos crecen, su "superficie social" se expande exponencialmente. Cada nuevo miembro empieza nuevas redes de relaciones entre el movimiento y los miembros potenciales[8]. Para que el crecimiento exponencial se mantenga, un movimiento debe mantener relaciones abiertas con los de fuera, y debe alcanzar nuevas redes sociales vecinas. Las relaciones contagiosas están en el corazón de la expansión de cada movimiento; cuando los nuevos movimientos religiosos se convierten en redes sociales cerradas, fracasan.

El cristianismo primitivo creció porque los conversos mantuvieron relaciones abiertas con los mundos sociales de los cuales vinieron. Si la iglesia hubiera respondido a la persecución y burla volviéndose una secta cerrada y secreta, no hay forma en que hubiese continuado ganando nuevos conversos. En lugar de eso, la fe cristiana siguió expandiéndose a las redes sociales adyacentes[9].

La importancia de redes sociales es una realidad para la expansión de toda fe, pero el cristianismo tenía una ventaja heredada del Judaísmo —la creencia en un solo Dios verdadero. En la antigua Roma nadie suponía que hubiese una sola religión válida o un único y verdadero Dios, por lo que no había misioneros. Tampoco existía tal cosa como la "conversión". Cuando hay muchos dioses, los dioses nuevos se aceptan sin rechazar los viejos; funcionan como "suplementos antes que alternativas". Solo el monoteísmo puede generar el nivel de compromiso para movilizar a los laicos al evangelismo[10].

Las religiones no exclusivas se acomodan a los consumidores individuales que pueden escoger entre una variedad de opciones. Sin el monoteísmo es muy difícil construir una fe comunal con fuerza social. Es por eso que el paganismo de la cultura grecorromana tuvo dificultades para lograr que las personas hicieran algo. No había una "iglesia" del paganismo. No había ninguna organización misionera que llevara las "buenas nuevas" del paganismo a los confines de la tierra. En contraste, el cristianismo logró canalizar el compromiso de los miembros para construir una comunidad cristiana y llevar el mensaje de salvación al mundo.

Al igual que el cristianismo, el judaísmo también era una fe monoteísta, pero nunca se aproximó al cristianismo en su alcance a los gentiles. Para convertirse por completo a la fe judía, los gentiles tenían que volverse judíos; en contraste, el cristianismo apelaba tanto a judíos como a gentiles, tanto a griegos como a bárbaros, tanto a hombres como a mujeres, tanto a esclavos como a hombres libres. Alcanzó a los pobres y a los ignorantes, como también a los ricos y educados, con el simple mensaje del evangelio.

El cristianismo apeló a todos los niveles de la sociedad, y se extendió rápidamente por medio de redes relacionales. Logró generar una comunidad intensa de seguidores comprometidos con una causa común. Esta causa demostró ser más poderosa que las religiones apoyadas por el estado, y aún más poderosa que la fuerza del Imperio. El cristianismo conquistó el mundo romano sin una estructura organizacional, sin tener acceso a muchos recursos, sin tener instituciones académicas y sin un clero profesional. Personas ordinarias, encendidas con el amor de Cristo y empoderadas por el Espíritu Santo, sencillamente contaron a sus familias, amigos y conocidos lo que Dios había hecho por ellos.

Para el cuarto siglo, Roma tuvo en Constantino un emperador cristiano. El cristianismo llegó a ocupar un lugar de privilegio, apoyado por el estado romano. La iglesia ganó el poder y los recursos que necesitaba, pero perdió el compromiso intenso y celo misionero de sus miembros.

Principios De Las Relaciones Contagiosas

La fe es un fenómeno social. Ya seas un comunista, un fanático del Manchester United, un conservador o un ambientalista, las relaciones juegan un rol importante en formar y mantener tus creencias. Las ideas se propagan como virus, de una persona a otra. En la era de las medios masivos, la forma de comunicación más efectiva sigue siendo el boca a boca. Las relaciones son el ingrediente clave en el crecimiento exponencial de los movimientos.

Los movimientos parecen crecer de forma espontánea y al azar, pero inspeccionando más de cerca estos se expanden a través de una red de relaciones. Un estudio del pentecostalismo americano realizado en 1970 demostró que este movimiento crecía a través del reclutamiento cara a cara dentro de redes sociales preexistentes. Las esposas se convertían a la fe cuando veían el cambio en sus esposos. Los adultos jóvenes se convertían luego de una conversación con un amigo de muchos años. Mientras más fuerte era la red social, más rápidamente se expandía el pentecostalismo una vez hecho un contacto. En contraste, en las comunidades compuestas por individuos desconectados fue poco probable ver un crecimiento rápido[11].

Existen muchos factores que influencian la decisión de adoptar una nueva fe, pero el factor más importante es una relación cercana y positiva con un participante comprometido[12]. Desde un punto de vista humano, la conversión es aceptar la opinión de tus amigos[13]. Las reuniones en masa y los líderes dinámicos no son suficientes para un reclutamiento efectivo, a menos que ellos jueguen un rol motivando a los miembros existentes para ganar a sus redes sociales. La clave para expandir cualquier movimiento es el reclutamiento cara a cara de participantes comprometidos[14].

Para que un movimiento crezca rápidamente tiene que expandirse en dos formas, dentro de una red social y entre redes sociales. Los movimientos exitosos desarrollan estrategias para continuar abiertos a redes sociales que les permitan alcanzar redes sociales cercanas y mantener un ritmo exponencial de crecimiento. Acá enumeramos tres factores que contribuyen a que un movimiento se convierta en contagioso.

La fuerza de los lazos débiles. Si estás buscando un trabajo, olvídate de buscar en periódicos y el internet; debes salir más a menudo y conocer gente. Es más probable que encuentres tu próximo trabajo a través de tus relaciones —posiblemente a través de un amigo, pero más probablemente a través de un conocido. Este fenómeno es conocido como "la fuerza de los lazos débiles"[15]. Tus amigos cercanos tienden a relacionarte con gente que ya conoces. En contraste, tus conocidos te vinculan a una variedad de redes sociales nuevas. Ellos expanden tu mundo relacional. Rara vez los movimientos gastan grandes cantidades de dinero en publicidad y comunicaciones masivas, favoreciendo intuitivamente la expansión relacional que los lazos débiles proporcionan.

Algunas personas funcionan como enlaces dentro y entre redes sociales. Malcolm Gladwell clasifica a estas personas en *conectores, genios, y vendedores*[16]. Los conectores tienen una extraordinaria habilidad de hacer muchos amigos y conocidos a través de diferentes redes. Con un pie en tantos mundos relacionales diferentes, ellos unen a la gente. Los conectores son especialistas en personas, mientras que los genios son los especialistas en información. Los genios son las personas a las que debes recurrir cuando necesitas información para poder tomar una decisión.

Ellos aman acumular conocimiento y comunicárselo a otros. Entretanto, los vendedores son persuasores; se conectan emocionalmente con otros y los convencen de la necesidad de adoptar nuevas ideas o comportamientos. Estos tres tipos de personas que comparten relaciones, conocimiento, y persuasión son los puentes a través de los cuales nuevas ideas se expanden contagiosamente de persona a persona y de grupo a grupo.

Redes estrechas pero abiertas. Para que un movimiento crezca, no solo debe alcanzar nuevas personas, debe retenerlas, y convertirlas en una fuerza comprometida con el cambio. Para poder hacerlo es importante fomentar fuertes relaciones dentro del movimiento. Los movimientos conformados por un conjunto de relaciones casuales carecen de energía, compromiso y enfoque. Una red social "estrecha" produce un movimiento exitoso.

Pero, si el movimiento es muy estrecho se aislará socialmente; puede que mantenga a sus miembros, pero no crecerá. En grupos cerrados, las relaciones internas pueden ser tan fuertes que excluyen relaciones significativas con los de afuera. Este aislamiento social limita la habilidad de reclutar, y quienes *sean* reclutados tendrán la tendencia de ser individuos aislados sin fuertes redes sociales—con poca probabilidad de ser el puente relacional que otros crucen para unirse al movimiento.

El crecimiento solo puede continuar si el movimiento sigue siendo una red social estrecha pero abierta[17]. Los movimientos efectivos mantienen un balance entre adherentes internos y externos. Mantienen la habilidad de alcanzar y penetrar redes sociales cercanas nuevas. Al hacer esto, son capaces de mantener tasas de crecimiento exponencial[18].

A tan solo seis apretones de mano de distancia. En 1967 el sicólogo social Stanley Milgram pidió a sus estudiantes en Harvard que le ayudaran a determinar cuántos conocidos se necesitan para conectar a dos personas seleccionadas al azar[19]. Dos nombres fueron seleccionados, y cada estudiante recibió una carta con las siguientes instrucciones:

- Si usted está familiarizado con la persona, envíela por correo directamente a ella.
- Si no, envíela por correo a alguien que conozca personalmente que tenga mayor probabilidad que usted de conocer al objetivo.
- Que la persona haga lo mismo.

Milgram y sus estudiantes descubrieron que el número más común de personas intermedias fue 5,5. En 1991 John Guare convirtió la idea en una novela llamada *Seis Grados de Separación*. A pesar de la complejidad de nuestro mundo, todos estamos a tan solo unos apretones de manos de los demás. Los movimientos son organismos sociales más que organizaciones; su estructura organizativa está compuesta por redes relacionales superpuestas. Esta no debería ser una sorpresa, ya que la humanidad ha sido creada a la imagen de Dios, como seres sociales, y Dios es Padre, Hijo, y Espíritu Santo.

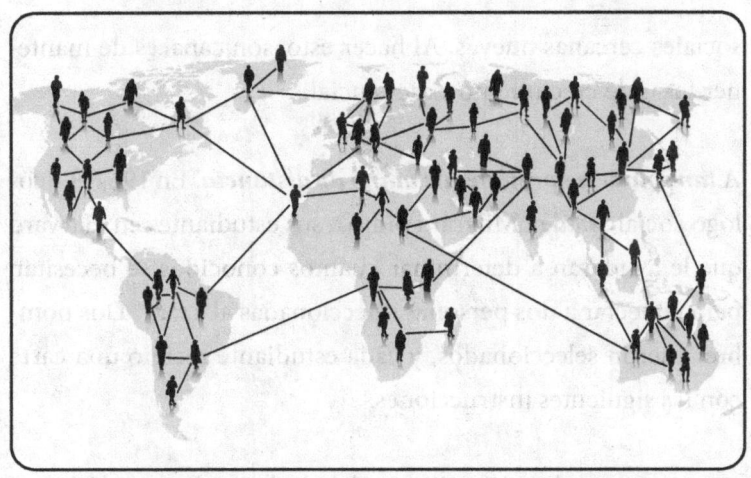

Figura 3.1. Estamos a tan solo seis apretones de manos de todos en el planeta.

Jesús Y Las Relaciones Contagiosas

Andrés encontró primero a su hermano Simón,
y le dijo: —Hemos encontrado al Mesías
—**Juan 1:41**

Jesús conocía la importancia de las relaciones. Desde el principio, el movimiento que él fundó creció a través de los favorables reportes que pasaron de persona a persona.

Jesús reclutó su equipo de discípulos a través de redes relacionales. Fue Juan el Bautista, pariente de Jesús, quien conectó primero a Andrés con Jesús: Andrés fue y encontró a su hermano Simón Pedro para decirle que había conocido al Mesías.

Jesús llamó a Felipe, quien era de Betsaida, la misma ciudad de Andrés y Pedro. Felipe reclutó a Natanael, y Santiago y Juan eran pescadores junto a Pedro y Andrés.

Jesús convirtió los encuentros personales en oportunidades de alcanzar todas redes sociales enteras. El endemoniado de Gadara rogó a Jesús que le permitiese unirse a sus discípulos. En lugar de eso, Jesús le dijo que fuera a casa y le contara a su familia lo que Dios había hecho. Poco después de que Leví se convirtiera en discípulo, Jesús y los Doce se encontraban en su casa para un gran banquete con sus amigos que eran cobradores de impuestos y "pecadores". Cuando Jesús conoció a Zaqueo, su objetivo final no era solo el de alcanzar a Zaqueo, sino también a su familia y amigos. Jesús anunció, "Hoy ha llegado salvación a esta casa" (Lucas 19:9). Jesús viajó pueblo tras pueblo buscando gente entusiasta que llevara las buenas nuevas a su mundo de relaciones. El construyó relaciones a largo plazo con sus discípulos, pero tuvo un modelo de cosecha en el evangelismo. En constante movimiento, él esparció la semilla del evangelio ampliamente y después la observó multiplicarse a través de otros.

Jesús advirtió del poder de las relaciones como un obstáculo para la fe —los enemigos de un hombre son los miembros de su propio hogar. El advirtió, "Si alguno viene a mí y no sacrifica el amor a su padre y a su madre, a su esposa y a sus hijos, a sus hermanos y a sus hermanas, y aun a su propia vida, no puede ser mi discípulo" (Lucas 14:26). Él envió a sus discípulos con las instrucciones de buscar a una "persona de paz" en cada localidad —una persona bien conocida que se mostrara receptiva a los mensajeros y al mensaje. Los discípulos en misión no tenían contactos relacionales; la persona de paz se convertía en el puente hacia las redes sociales de la comunidad (ver Lucas 10).

Este patrón de alcanzar hogares y redes de relaciones continuó en el libro de Hechos. Cuando el evangelio se expandió a los gentiles, el punto de entrada fue Cornelio, quien reunió a sus familiares y amigos cercanos para oír predicar a Pedro (Hechos 10). En Filipo, Lidia y su hogar creyeron y fueron bautizados. Más tarde Pablo y Silas desafiaron al carcelero Filipense y a toda su familia a creer y ser bautizados (Hechos 16). En Corinto, Crispo, el oficial de la sinagoga, y toda su casa creyeron. En sus cartas a las iglesias, Pablo a menudo se refirió a familias enteras que habían sido ganadas para Cristo, incluyendo a "la familia de Estéfanas… los primeros convertidos de Acaya" (1 Corintios 16:15). A través del Nuevo Testamento, las relaciones contagiosas son la clave para la expansión del evangelio.

Multiplicando Iglesias Orgánicas

Neil Cole es un plantador de iglesias con una diferencia. En su primer año plantando iglesias en Long Beach, California, él y sus compañeros de trabajo comenzaron diez nuevas iglesias. Al siguiente año, equipos de esas nuevas iglesias iniciaron dieciocho iglesias adicionales; el año siguiente la red plantó cincuenta y dos iglesias. En el 2002 esta red en crecimiento plantó ciento seis nuevas iglesias. Después de seis años ellos habían plantado alrededor de 800 iglesias a través de los Estados Unidos y en veintitrés naciones. Las Capillas del Despertar de Neil Cole y la red de iglesias que ellos han iniciado siguen multiplicándose. Existen incluso iglesias tátara-tatarabuelas que han generado cinco generaciones de nuevas iglesias.

Las nuevas iglesias de Neil eran pequeñas (con un promedio de dieciséis personas) y sencillas, porque las cosas pequeñas y sencillas son más fáciles de reproducir. Neil explicó que estas iglesias "orgánicas" surgen donde la vida transcurre. La iglesia sucede donde sea que la semilla del evangelio es plantada[20]. Él tiene iglesias que se reúnen en cafés, negocios, y casas. Hay iglesias que alcanzan gente en los grupos de rehabilitación con programas de doce pasos y a gente en bares. Alcanzan a homosexuales, grupos ocultistas, pandillas de vecindarios, personas sin hogar, y estudiantes de secundaria y universitarios.

Neil dice que si usted ve una mano saliendo de la arena en la playa pidiendo auxilio, usted asumiría que existe un cuerpo unido a la mano que necesita aire[21]. De igual forma, cuando alguien viene a Cristo dentro de un nuevo grupo de personas, el asume que esta es la "persona de paz", y su meta es encontrar al cuerpo de Cristo enterrado en esa red social. Cuando los obreros de Neil van a una nueva área, él les aconseja buscar a la "persona de paz" dentro de la red social. La persona de paz —alguien receptivo al evangelio, bien conectado relacionalmente y que tiene una buena (o mala) reputación— se convierte en un conducto para la transmisión del mensaje del reino a una comunidad de gente perdida. La reputación de la persona da crédito al mensaje y se convierte en el imán para la nueva iglesia.

Neil llama a este fenómeno "el principio de la primera ficha de dominó", y lo identifica en el Nuevo Testamento. En los evangelios la mujer samaritana en el pozo no tenía una buena reputación. Tampoco el endemoniado de Gadara, pero cuando sus vidas fueron cambiadas, cada uno de ellos se convirtió en testigo para su comunidad. En Hechos, tanto Lidia como Cornelio tenían buena reputación. Su testimonio también fue efectivo.

Una de las primeras "fichas de dominó" de Neil tenía un negocio de pintura en Long Beach, California. Michael era un adicto a las drogas, y su casa era una fiesta constante. Pero las drogas dominaron su vida de forma gradual, y perdió su camión, su negocio y a su esposa. Después de que entregó su vida a Cristo, Dios en su gracia le devolvió todo —y más. Ahora, en lugar de tener una casa dedicada a las fiestas, él y su esposa, Carlita, son anfitriones de una iglesia en su hogar. Entre quince y veinte personas asisten regularmente.

Después de seis años este pequeño grupo de comunión produjo veinte nuevas iglesias. Estos creyentes enviaron plantadores de iglesias por todos los Estados Unidos y a Francia, Jordania, Kosovo y el Norte de África. Michael y Carlita siempre están alcanzando nuevas personas y enviando gente a comenzar nuevas iglesias. Ellos están plantando iglesias a la vuelta de la esquina, en toda la nación y en lugares lejanos. Michael ha aprendido a dejar que el evangelio avance y se extienda a través de mundos relacionales; y también ha aprendido a enseñar a los nuevos creyentes a creer lo mismo.

Conclusión

No hay forma más rápida o más eficiente para expandir una idea, una moda o un rumor que haciéndolo de persona a persona o de grupo a grupo. La tecnología nunca podrá reemplazar el poder del reclutamiento cara a cara por participantes comprometidos. Jesús entendió la importancia de las relaciones, y también la entendieron sus seguidores.

No se necesita una gran cantidad de dinero para llenar una nación con el conocimiento del evangelio. Lo que se necesita es gente común, con un fuego por el amor de Cristo y facultados por el Espíritu Santo, dispuestos a contar a sus familias, amigos y conocidos casuales lo que Cristo ha hecho por ellos.

4
RÁPIDA MOVILIZACIÓN

El mejor tiempo para plantar un árbol fue hace veinte años.
El segundo mejor tiempo es ahora.

—**Proverbio Chino**

Hace algunos años, contratamos a algunos trabajadores para construir un anexo en nuestra casa. Un año después me encontré con nuestro contratista, Des Nixon, y nos pusimos al día entre café y panqueques. Nuestra conversación fue así:

— Des, escuché que estas construyendo hospitales y fábricas estos días. ¿Te estás retirando de la construcción de casas?
— Yo no construyo edificios, Steve.
— Bueno, ¿y qué haces entonces? ¡Eres un constructor!
— Yo construyo constructores.

Estaba totalmente sorprendido. Durante la siguiente hora aprendí más sobre cómo desarrollar líderes que lo que había aprendido en mis años de formación para el ministerio.

Descubrí que la misión de Des en su vida no era ser un constructor; era ayudar hombres jóvenes a crecer.

En nuestra iglesia local, Des tenía un ministerio de discipulado con hombres jóvenes. Él era lo suficientemente inteligente para saber que no puedes hacer eso sentado en la sala de alguien. Así que los amontonó en su vehículo 4x4 y se fueron al desierto australiano por una semana. Algunos de los jóvenes tenían pasados problemáticos. Otros ya no tenían a sus papás alrededor. Dios comenzó a trabajar en la vida de estos jóvenes, y Des comenzó a pensar en lo mucho que le gustaría dar trabajo a algunos de ellos.

Anteriormente Des no tenía ninguna intención de hacer crecer su negocio. Él estaba feliz trabajando solo. Hoy en día Des tiene un equipo de dieciocho hombres trabajando para él. Varios de ellos han llegado a conocer a Cristo a través de él.

Así es como Des construye constructores:

Recluta. Los primeros trabajadores de Des vinieron a través de su ministerio con hombres jóvenes en la iglesia local. El pasó tiempo con ellos. Los llevó de campamento. Algunos venían de familias estables, otros de pasados problemáticos. A medida que Des desarrollaba una reputación de convertir niños en hombres, la gente le enviaba más. Pastores, padres, otros constructores y aun sus propios hijos recomendaban a jóvenes varones que estaban buscando trabajo y dirección. Ahora Des no necesita reclutar gente activamente; ellos vienen a él.

Selecciona. Antes de contratar a alguien, Des ora y le pregunta a Dios si debería contratar a un joven en particular. Si la respuesta es sí, lo contrata por dos a tres meses como trabajador ocasional. Luego, Des observa —y sus supervisores observan— y los otros trabajadores observan. Ellos intentan ver si el chico nuevo está dispuesto a aprender. ¿Acepta los valores de la empresa como honestidad, integridad, diversión y compromiso a las relaciones?

Des ha creado una cultura. Muchos de los nuevos trabajadores maduran rápidamente al encontrarse en un ambiente en el que son valorados y respetados y donde las personas tienen altas expectativas unos de otros. Después de dos o tres meses el equipo sabe si esa persona lo logrará.

Haz crecer. Una vez que el trabajador prueba quién es, Des lo toma como aprendiz y el verdadero aprendizaje comienza. Los estándares de Des son más altos de lo que el gobierno exige. Él incluso paga el salario del aprendiz mientras trabaja por dos meses con otro carpintero con experiencia en un aspecto particular del oficio. Des quiere que sus aprendices aprendan de los mejores.

Multiplica. Luego de que el aprendiz ha finalizado su entrenamiento con Des, puede quedarse y trabajar como carpintero calificado. Luego puede ser elegido para ser supervisor. Des tiene siete supervisores. Se reúne con ellos regularmente y les comparte todo lo referente al negocio. Cuando surge alguna dificultad, los involucra en el proceso de resolverla. Ellos experimentan de primera mano cuánto él valora la honestidad, aun cuando tenga que pagar un precio por ello. Los supervisores comienzan cotizando precios para pequeños trabajos y dirigiéndolos; a medida que ganan experiencia, se hacen cargo de trabajos más grandes. Des se mantiene en segundo plano y ayuda a sus supervisores a crecer a través del desafío. Su meta es que el 50 por ciento de sus carpinteros se conviertan en supervisores y luego se conviertan en constructores que manejen sus propios negocios.

Sostiene. No suena como buena práctica convertir a la mitad de tu personal capacitado en la futura competencia —hasta que le preguntas a Des como está marchando su negocio. En un año financiero pasado su compañía creció más del 40 por ciento. Sus clientes están felices, sus trabajadores lo adoran y el negocio es saludable. Des no busca beneficios económicos; sigue su misión de forma rentable.

La misión de Des es formar hombres jóvenes. Vive bajo la convicción de que si cumple con su misión, Dios cuidará su negocio. Des planea retirarse del negocio de la construcción y pasar el resto de su vida en segundo plano, animando a los hombres que ayudó a crecer. Des Nixon es un líder de movimiento. El conoce los principios y los practica mejor que muchos líderes de iglesia que conozco.

En el capítulo anterior vimos cómo ningún movimiento misionero puede crecer exponencialmente si su expansión es solo la responsabilidad de profesionales pagados. Más bien, los movimientos se expanden a través de los esfuerzos de gente común que inspiran y equipan a líderes claves.

Cómo Fue Conquistado El Oeste

> *Es difícil imaginar una cantidad de dinero que hubiera hecho a un obispo Anglicano viajar casi medio millón de kilómetros a caballo como lo hizo Francis Asbury, sin tomar en cuenta el clima o una mala salud crónica, "para animar a sus hombres y supervisar su trabajo".*
>
> —**Roger Finke Y Rodney Stark**

Cuando el metodista pionero de veintiséis años Francis Asbury llegó a las colonias americanas en 1771, creyó que había sido llamado a cumplir con un gran destino. Estaba en lo cierto — aunque ese destino fue mucho mayor de lo que alguna vez había imaginado[1]. En 1771 había tan solo 300 Metodistas Americanos, liderados por cuatro ministros. Para el tiempo de la muerte de Asbury en 1816, el metodismo tenía 2.000 ministros y más de 200.000 miembros en un movimiento coordinado. Para 1830 la membresía oficial era de casi medio millón, y seis millones el número de personas que atendían regularmente. La mayoría de estas personas no habían tenido conexión previa con iglesias antes de convertirse en metodistas[2].

Al igual que su mentor John Wesley, Asbury modeló el compromiso requerido para alcanzar tal éxito. Durante todo su ministerio Asbury predicó más de 16.000 sermones. Viajó casi medio millón de kilómetros a caballo. Se mantuvo soltero para dedicarse completamente a su misión. A menudo se enfermó y no tenía hogar permanente. Su salario era el mismo que el de un predicador itinerante y continuaba viajando cuando murió a los setenta años de edad.

El liderazgo y ejemplo de Asbury inspiraron a un ejército de jinetes de circuito, muchos de los cuales siguieron su ejemplo y permanecieron solteros. No existían votos formales, pero en los primeros días del movimiento la mayoría de los jinetes vivía bajo tres reglas de las órdenes monásticas: pobreza, castidad y obediencia. El metodismo era una especie de orden misionera protestante bajo un líder, adaptada para alcanzar comunidades aisladas en condiciones difíciles en toda la nación[3].

Jacob Young, un típico jinete de circuito, tenía veintiséis años en 1802 cuando aceptó el reto de empezar un circuito metodista junto al Rio Verde en Kentucky. Young desarrolló su propia estrategia para evangelizar la región. Viajaba ocho kilómetros, encontraba un poblado y buscaba una familia que le dejara predicar en su cabaña a amigos interesados o vecinos en el área. En ocasiones encontraba grupos ya reunidos, esperando la llegada de un predicador; en un lugar descubrió una sociedad dirigida por un esclavo afroamericano analfabeta con impresionantes habilidades de predicación y liderazgo. Young estableció reuniones en clases dondequiera que iba, para ser llevadas por líderes locales en su ausencia.

Los jinetes de circuito como Jacob Young comenzaron con limitada educación formal, pero siguieron el ejemplo de Wesley y Asbury y usaron su tiempo a caballo para estudiar. Hablaban el simple lenguaje de la frontera. Enfrentaron burlas e incluso violencia, con coraje y resistencia. Pero por encima de todo buscaban conversiones. En un año Young reunió 301 nuevos miembros; por sus esfuerzos recibió solo $30 —un costo de 10 centavos por cada miembro nuevo[4].

En 1776 solo el 17 por ciento de la población americana estaba afiliado a una iglesia. Para 1850 ese número había doblado a un 34 por ciento. La mayoría del crecimiento fue resultado de la ganancia de los metodistas y bautistas en la frontera. Francis Asbury nunca hubiera podido alcanzar una nación tan vasta como los Estados Unidos, no importa cuántos kilómetros cabalgara, o cuántos sermones predicara, sin haber movilizado rápidamente a jinetes de circuito jóvenes como Jacob Young.

Las denominaciones protestantes tradicionales (episcopales, presbiterianos y congregacionalistas) fallaron tristemente en mantener el ritmo de los bautistas y metodistas advenedizos. Al haber sucumbido a una versión más establecida de la fe y haber perdido el celo por el evangelismo, su mensaje se volvió muy vago y demasiado complaciente como para tener impacto.

El clero de las iglesias tradicionales era bien educado y refinado, procedente de la élite social. Al menos 95 por ciento de los ministros congregacionales, episcopales y presbiterianos eran egresados de la universidad, comparados con solo el 10 por ciento de los bautistas. Combinadas, las denominaciones convencionales entrenaron seis mil ministros antes de que el primer ministro metodista se graduara del seminario.

La educación superior elevaba al clero tradicional por encima del estatus social de sus congregaciones y lo convertía en religiosos profesionales. Tanto la educación teológica secular como el trasfondo social influían en el contenido del mensaje y cómo era presentado. El clero prefería educar a sus oyentes en lugar de convertirlos. Los sermones académicos cuidadosamente redactados por el clero tenían poco efecto en los corazones; no estaba en contacto con la gente común. Tampoco había suficientes; era imposible movilizar suficiente clero bien educado y bien pagado para responder al desafío de la rápida expansión de la frontera. Si la expansión se hubiese dejado en manos de las antiguas denominaciones, el cristianismo americano hoy en día habría terminado pareciéndose más a la iglesia de Europa —teológicamente refinada pero en declive[5].

Probablemente ellos eran respetados, pero tenían menor probabilidad de alcanzar a los no creyentes en comparación con los metodistas y bautistas. El refinamiento teológico dio como resultado la pérdida de vitalidad y disminución del movimiento.

Así que el clero tradicional observaba desde la seguridad de los pueblos y ciudades más grandes hacia el atlántico mientras que los bautistas y metodistas se movilizaron al oeste. En la frontera era difícil distinguir entre predicadores metodistas y bautistas. Eran gente sencilla, con educación limitada. Hablaban el lenguaje de la gente y predicaban desde su corazón la necesidad de salvación del pecado. Mientras ellos predicaban, no solo se hablaba del poder de Dios, se experimentaba. El pionero metodista Peter Cartwright recordó que: "mientras estaba predicando, el poder de Dios cayó en la asamblea y hubo un horrible temblor entre los huesos secos. Muchos cayeron al piso y gritaron pidiendo misericordia"[6].

Los bautistas y metodistas desarrollaron estrategias que facilitaron que personas dotadas y laicos comprometidos asumieran el cargo de liderazgo y fueran enviados donde se encontraban las personas y las oportunidades. El despliegue era rápido porque se requería muy poca inversión de recursos y educación. Los predicadores metodistas, en su mayoría adolescentes, eran entrenados para el trabajo como "aprendices" de otros obreros más experimentados. Se esperaba que estudiaran continuamente mientras viajaban. Ellos practicaban el aprendizaje permanente y se graduaban el día que morían.

Los metodistas eran gobernados centralmente, y los bautistas creían en la autonomía local. Pero en realidad ambos movimientos establecieron congregaciones autónomas. Los jinetes de circuito metodistas no tenían tiempo de establecerse en un lugar y tomar el control. Su trabajo era el de ser pioneros en nuevos trabajos y movilizar trabajadores locales para continuar el ministerio en profundidad. Estas congregaciones autónomas estaban bien adecuadas para multiplicarse rápidamente en la cultura de la frontera.

El metodismo brindó una libertad sin precedente tanto a mujeres como a afroamericanos para participar del ministerio[7]. Los predicadores metodistas llamaban a los convertidos a unirse a un movimiento que crecía y les ofrecía la oportunidad de hacer una contribución significativa —como líderes de clases, predicadores laicos, o incluso jinetes de circuito. Algunas mujeres sirvieron como predicadora, y muchas más sirvieron como líderes de clase, consejeras no oficiales de los jinetes de circuito, constructoras de redes, y patrocinadoras financieras. Un gran número de predicadores Afroamericanos surgió luego de la Revolución. Algunos fueron figuras públicas bien conocidas. Harry Hosier, nacido probablemente como esclavo, viajó con Asbury y otros líderes metodistas predicando ante multitudes que incluían a negros y blancos. Los metodistas y bautistas, a diferencia de las iglesias tradicionales Predicaban de una forma que los esclavos sin educación podían entender y afirmaban la validez de las emociones y experiencias espirituales. Los predicadores afroamericanos jugaron un importante rol en moldear al movimiento metodista.

Los bautistas y metodistas florecieron porque movilizaron gente común para predicar el evangelio y plantar iglesias donde hubiese la necesidad. Los presbiterianos, episcopales, y congregacionales perdieron vigor porque estaban controlados por un clero bien pagado que fue reclutado de la élite social y financiera. El crecimiento temprano fue el más dramático —de 2,5 por ciento de la población de la iglesia en 1776 a 34 por ciento en 1850, con cuatro mil predicadores ambulantes, casi ocho mil predicadores locales, y más de un millón de miembros[8]. Esto los convirtió por mucho en el cuerpo religioso más grande de la nación. Solo existía una institución nacional era más extensa —el gobierno de los Estados Unidos. Este logro hubiera sido imposible sin la movilización de gente común —blanca y negra, joven y vieja, hombres y mujeres— y la remoción de barreras artificiales para su compromiso en liderazgo como líderes de clases, obreros locales, y predicadores itinerantes. Desafortunadamente, el ascenso metodista duró poco tiempo. Aunque antes de 1840 los metodistas tenían un clero virtualmente sin educación universitaria entre sus jinetes de circuito y predicadores locales[9], su clero no profesional fue reemplazado por profesionales egresados del seminario que reclamaban la autoridad de la jerarquía de la iglesia sobre sus congregaciones[10]. Su declive relativo comenzó al mismo tiempo; para el final del siglo diecinueve los bautistas los habían superado en números.

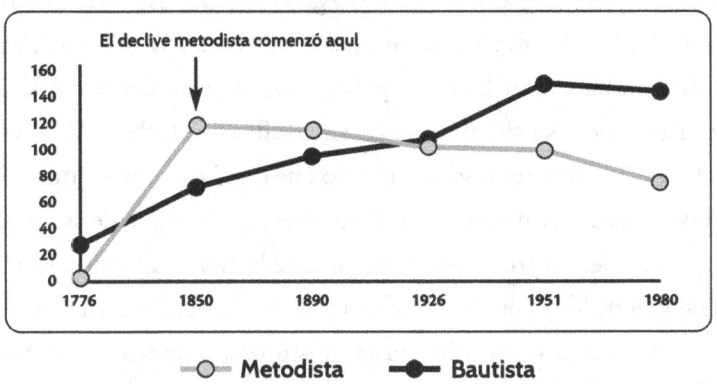

Tabla 2. **Adherentes por cada 1000 habitantes en familias metodistas y bautistas, 1776-1980.** Roger Finke y Rodney Stark, *The Churching of America, 1776-1990: Winners and Losers in Our Religious Economy* (New Brunswick, N.J.: Rutgers University Press, 1992), p. 146.

La Expansión Espontánea De La Iglesia

La iglesia fue establecida y organizada al principio con una misión mundial para realizar un trabajo mundial. Fue un organismo activo compuesto de almas cuyas vidas derivaban de Cristo, quien era su Cabeza. Fue un organismo que creció gracias a su propia actividad espontánea, la expresión de esa vida que tenía en unión con Cristo, el Salvador.
—**Roland Allen**

Roland Allen fue un misionero anglicano al norte de China a comienzos del siglo veinte. Su experiencia en las misiones y sus estudios del ministerio de Pablo lo guiaron a una reevaluación de la teología y la práctica misionera occidental. Investigó los factores que acompañaban la expansión espontánea del evangelio y escribió sobre su significado. En su estudio de Hechos, Allen vio a la iglesia como un organismo vivo que crece espontáneamente a través de su unión con Cristo. La actividad misionera de la iglesia no viene del control eclesiástico sino de la actividad natural e individual de los miembros que son guiados por el Espíritu Santo[11].

De acuerdo con Allen, la expansión espontánea es *inhibida* bajo estas condiciones:

1. Cuando profesionales extranjeros pagados están a cargo de la expansión del evangelio, provocan que el mismo se considere un intruso.

2. Cuando la iglesia depende de fondos y liderazgo del extranjero. Allen preguntó, "¿Cómo puede un hombre propagar una religión que no puede sustentar y que al mismo tiempo no puede lograr que sus oyentes sean capaces de mantenerla?".
3. Cuando la expansión del evangelio es controlada a través del temor al error, y tanto el error como el celo piadoso son suprimidos.
4. Cuando se cree que la iglesia debe ser fundada, educada, equipada, y establecida en doctrina, ética y organización antes de que se expanda.
5. Cuando los líderes emergentes son restringidos del ministerio hasta que sean entrenados completamente y aprendan la lección de la inactividad y dependencia.
6. Cuando la conversión es el resultado de un ingenioso argumento en lugar del poder de Cristo.
7. Cuando el clero profesional controla el ministerio y desalienta el celo espontáneo de los no profesionales. Tal vez protegerán a nuevos creyentes de charlatanes como Simón el mago (Hechos 8:9-24), pero al hacer eso también bloquean a líderes no convencionales como Pedro el pescador[12].

De acuerdo con Allen la expansión espontánea es *aumentada* bajo las siguientes condiciones:

1. Cuando los nuevos convertidos cuentan su historia inmediatamente a quienes los conocen.

2. Cuando, desde el principio, el evangelismo es el trabajo de aquellos que están dentro de la cultura.
3. Cuando la verdadera doctrina es el resultado de la verdadera experiencia del poder de Cristo en lugar de la instrucción meramente intelectual. Las herejías no son producidas por ignorancia, sino por las especulaciones de hombres sabios.
4. Cuando la iglesia se autosostiene y provee para sus propios líderes e instalaciones.
5. Cuando a las nuevas iglesias se les da la libertad de aprender por experiencia y son apoyadas, mas no controladas.

Allen creía que las mejores cosas de Dios están más allá del control humano. Observó que el control generaba esterilidad. Los nuevos convertidos controlados quizás no se desvíen, pero no producen nada.

Allen estaba comprometido a aprovechar el potencial de gente común y el poder del Espíritu Santo para la expansión de movimientos de plantación de iglesias indígenas. Allen sabía que una iglesia indígena fuerte no debe ser dependiente del control y el apoyo externo. Un siglo después, las observaciones de Allen fueron confirmadas por la vitalidad del cristianismo en el "Sur Global" —el mundo en vías de desarrollo del hemisferio sur. De acuerdo con el historiador Philip Jenkins, esa vitalidad destruye el mito de que el cristianismo es una religión europeo-americana exportada a un tercer mundo pasivo. En los últimos dos siglos, los misioneros europeos avivaron primero el cristianismo alrededor del mundo, pero "pronto se convirtió en un incendio forestal"[13].

Los misioneros en oriente son vistos como imperialistas religiosos. Mas su éxito notable, de acuerdo con Jenkins, no fue debido a la imposición de una fe extranjera respaldada por poder político y económico. Ellos tuvieron éxito donde la iglesia fue plantada en tierra fresca y se adaptó a las circunstancias locales cobrando vida propia. Los roles de liderazgo, especialmente en las iglesias pentecostales e independientes, no están restringidos a aquellos con formación profesional en instituciones académicas con orientación occidental. Los líderes locales son elegidos por demostrar los dones espirituales y cualidades requeridos. El cristianismo ha florecido cuando ya no es dependiente de liderazgo, fondos, y control extranjero[14].

Jesús Y La Rápida Movilización

> *Los gobernantes, al ver la osadía con que hablaban Pedro y Juan, y al darse cuenta de que eran gente sin estudios ni preparación, quedaron asombrados y reconocieron que habían estado con Jesús.*
>
> **—Hechos 13:4**

Al principio de su ministerio, Jesús reclutó discípulos con la promesa de que les enseñaría a pescar hombres en lugar de peces. Él se rehusó a confiar en las multitudes, pero confío su vida misma a sus discípulos. Jesús alcanzó multitudes, pero su propósito era formar líderes que continuarían su ministerio en el poder del Espíritu Santo.

Jesús llamó a un grupo selecto de seguidores a dejar sus trabajos e incluso sus familias para estar con Él. Simón y Andrés dejaron sus redes, Santiago y Juan dejaron su bote y a su padre Zebedeo, y Mateo el Levita dejó su lucrativa posición como cobrador de impuestos. Ellos se convirtieron en los compañeros y colegas en un equipo misionero móvil.

Los pescadores y cobradores de impuestos sin educación formal eran excluidos del servicio en el templo, excluidos de ser miembros en el consejo de gobierno del Sanedrín y además excluidos de poder unirse a los fariseos[15]. Jesús escogió a estos hombres comunes porque ellos querían seguirle. Jesús invirtió su vida entrenándolos, y les confío el movimiento que fundó.

¿Qué tipo de entrenamiento tuvieron los discípulos? Para enseñarles sobre la fe, Jesús los guió a una peligrosa tormenta. Los envió en viajes misioneros para enseñarles a confiar en que Dios proveería para sus necesidades y para aprender a predicar, sanar enfermos y expulsar demonios. Ellos aprendieron a orar observándole y escuchándole enseñar acerca de la oración. Jesús los lanzó a una comunidad misionera móvil y les enseñó lecciones sobre la autoridad y la humildad. Ellos observaron los enfrentamientos de Jesús con los fariseos y aprendieron cómo lidiar con la oposición. El entrenamiento de Jesús con los doce fusionó contexto y contenido.

Las enseñanzas de Jesús eran orientadas a la obediencia. El modelo de entrenamiento de Jesús asumía que los discípulos no sabían algo hasta que no aprendiesen a obedecerlo. El entrenó la cabeza, el corazón y las manos de sus discípulos y con la expectativa de que transmitieran a otros lo que habían aprendido. Al final de su aprendizaje, Jesús dijo a sus discípulos que era bueno que él se fuera porque el Espíritu vendría para guiarlos a toda verdad y les daría poder para ser testigos al mundo.

El evangelio y el poder del Espíritu Santo eran las garantías de la autoridad de los discípulos y la efectividad de la misión. La Palabra y el Espíritu permitieron que los primeros discípulos enviaran confiados a otros para la proclamación del evangelio y la plantación de nuevas iglesias. El cristianismo primitivo avanzó a través de los esfuerzos de gente común. En el Nuevo Testamento no hay distinción entre "clero" y "laico". Todo discípulo de Cristo fue ordenado para el ministerio[16]. Hubo misioneros "profesionales" como los doce, Felipe, Bernabé, y Pablo, pero la mayoría del trabajo misionero fue llevado a cabo por principiantes desconocidos, tanto hombres como mujeres.

Pablo, al igual que Jesús, trabajó como líder de un grupo misionero. Hay alrededor de cien nombres en el libro de Hechos y las epístolas de gente asociada con Pablo[17]. Él se refiere a treinta y seis de ellos con términos como "hermano", "apóstol", "compañero de trabajo" y "siervo". De éstos, nueve compañeros de trabajo están asociados cercanamente a Pablo. Él viajaba frecuentemente y ministraba junto a otros como Bernabé, Juan Marcos, Silas, Timoteo, y Lucas. En sus cartas, mencionaba a menudo a sus compañeros de trabajo como Timoteo, Epafrodito y Lucas. Regularmente les decía a sus lectores que estaba enviando un miembro del equipo con ellos para un propósito en particular[18]. Algunas de las cartas de Pablo no solo llevan su nombre como el remitente, sino también los nombres de algunos de los miembros de su equipo. Filipenses viene de "Pablo y Timoteo". Gálatas viene de Pablo y "los hermanos que están conmigo".

Pablo esperaba que las iglesias que él plantaba alcanzaran sus regiones en profundidad y que se convirtieran en socios de su empresa misionera a través de la oración, donando y enviando obreros. Felicitó a los tesalónicos porque, "partiendo de ustedes, el mensaje del Señor se ha proclamado no solo en Macedonia y en Acaya, sino en todo lugar; a tal punto se ha divulgado su fe en el Señor que ya no es necesario que nosotros digamos nada" (1 Tesalonicenses 1:8). El agradeció a los filipenses por su "participación en el evangelio" (Filipenses 1:5).

No puede existir duda alguna de que Jesús fundó un movimiento misionero, expandido por Pablo, que creció a través de gente común que fue entrenada —cabeza, corazón y manos— en el contexto de vida y ministerio del día a día. ¿Cómo sería si nosotros siguiésemos su ejemplo hoy?

Ralph Moore Y El Movimiento De La Capilla Esperanza

No somos inteligentes. Solo somos inagotables.
—Ralph Moore

En el mundo occidental algunas iglesias y denominaciones están plantando iglesias, pero muy pocas las están multiplicando. Es por esto que Ralph Moore y el movimiento de la Capilla Esperanza llamaron mi atención[19]. Ralph Moore tenía veinticinco años en 1972 cuando plantó la primera Capilla Esperanza en Manhattan Beach, California. Él tenía una esposa y un hijo pequeño. Su cabello era corto, y usaba un traje de tres piezas en un tiempo en el que todos los demás llevaban el cabello largo y usaban jeans. Carecía de un ingreso económico garantizado y su auto ya marcaba 240.000 kilómetros. Al igual que la mayoría de los plantadores de iglesias, poseía más fe que sentido común.

Cuando compartí tiempo con Ralph en el 2008, él recordaba como esa iglesia comenzó con la cantidad de gente que tomaría para llenar un Volkswagen Escarabajo. Pronto alcanzó las veinte personas, incluyendo a varios motociclistas, un cabo de los Marines, un bebé recién nacido y una bailarina exótica. Para el tiempo en que la nueva iglesia contaba con 125 personas, ya había plantado una iglesia hija.

En 1983 Ralph se mudó a Hawái para plantar otra iglesia. La nueva iglesia comenzó bajo un árbol en un parque cercano a la playa. En el año 2000, La Capilla Esperanza de Kaneohe Bay había crecido a 1.600 personas y había establecido sesenta iglesias.

Uno de los nuevos Cristianos en Hawái fue Mel Isara. Se convirtió en pastor de una "MinIglesia" (unidad primaria para el cuidado pastoral y el discipulado de la Capilla Esperanza) y comenzó a multiplicar otros grupos. Mel tomó la visión de

Ralph y plantó su primera iglesia en el 2001. Seis meses después, se paró delante de la congregación y les dijo que se iba en dos años; seguidamente les presentó al hombre que estaba entrenando para ser su pastor.

La siguiente iglesia de Mel estaba situada en un barrio peligroso. En el primer servicio de la iglesia, Mel dijo a la congregación que él sería el pastor más perezoso que jamás habían conocido porque iba a equiparlos a ellos para hacer ministerio. También anunció que se marcharía en dos años y medio y les presentó a su futuro pastor: "Junior", un exalcohólico y exdrogadicto a quien Mel había estado entrenando por cuatro años. Junior ya había multiplicado cinco MinIglesias y estaba listo para convertirse en pastor. En marzo del 2005 Mel cumplió su promesa de pasar el liderazgo de la iglesia a Junior y luego se fue a plantar una tercera iglesia en Pearl City, Hawái.

Ralph Moore cree que la iglesia debe ser simple y debe reproducirse. Él llama intencionalmente a sus grupos pequeños MinIglesias y a sus líderes "subpastores". Las MinIglesias se reúnen semanalmente para repasar la enseñanza bíblica de los servicios del fin de semana. El formato es simple y reproducible:

¿Qué *aprendiste?* (Cabeza)
¿Qué *te dijo Dios?* (Corazón)
¿Qué *harás al respecto?* (Manos)

La MinIglesia es el bloque de construcción para la iglesia local; es también el sistema de cultivo de nuevos líderes. Los miembros de grupos fieles que tienen influencia en otros son reclutados como líderes aprendices de líderes y son entrenados. Los aprendices fieles se convierten en pastores de MinIglesias. Los pastores de MinIglesias que son efectivos en la multiplicación de grupos y líderes son invitados a unirse a una "Fábrica de Pastores". Ellos se reúnen semanalmente para leer y discutir libros de liderazgo y teología. El entrenamiento está basado en el mismo modelo de cabeza, corazón, y manos. Ellos comienzan y levantan de dos a tres MinIglesias y entonces llevan a esas personas con ellos para plantar una iglesia.

Ralph cree que la iglesia local debe ser el "seminario" que entrena a pastores y gente que quiere plantar iglesias. Los plantadores de iglesias de la Capilla Esperanza no son graduados de seminarios teológicos sino discípulos que pueden hacer discípulos. Muchos de ellos han llegado a la fe a través del movimiento y han crecido hasta ser parte del liderazgo en la iglesia local. Ralph cree que solo un pequeño porcentaje de quienes reciben entrenamiento teológico tradicional llegan a su graduación y sobreviven más de dos años de ministerio pastoral. La educación teológica en su forma actual crea barreras para entrar al ministerio. La Capilla Esperanza, en contraste, combina aprendizaje, tareas ministeriales y mentoreo para desarrollar cientos de líderes, y más del 90 por ciento de ellos persevera en el ministerio. Ralph sostiene que la educación no puede crear un líder, solo puede aumentar y mejorar uno. El aprendizaje teológico debería estar integrado con un compromiso activo en el ministerio. La iglesia local debería ser el "seminario" que entrena plantadores de iglesias y pastores.

Ralph piensa que formar líderes es como entrenar jugadores de beisbol. Los jugadores necesitan muchas oportunidades para batear; ellos también necesitan una disposición para aprender de sus errores. Las MinIglesias brindan a los futuros líderes la oportunidad de batear en un entorno de bajo riesgo. Reciben retroalimentación y entrenamiento ¿Cómo sabe Ralph si alguien es un líder? Él observa y comprueba si alguien los está siguiendo a ellos.

Desde 1972 Ralph ha visitado a más de setecientas iglesias, pequeñas y grandes, fundadas en América del Norte y en regiones de Asia y el Pacifico. Muchas de estas iglesias son ahora madres, abuelas, bisabuelas, e incluso tátara abuelas de nuevas iglesias. Si Ralph hubiese plantado una iglesia en Hawái que alcanzase a 10.000 personas, hubiera sido mundialmente famoso. En lugar de eso, plantó una iglesia que multiplicó iglesias y que suman setenta mil personas. Ralph ha formado una cultura de creer en los que piensan diferente y proveer ambientes desafiantes en los que puedan crecer. Ralph es una gran persona, y espero que viva una larga y próspera vida, pero si él muriese mañana, el movimiento que ha inspirado seguiría adelante.

Conclusión

Ya sea que hablemos de Des Nixon, Francis Asbury o Ralph Moore, los grandes líderes forman líderes. Ellos rechazan la noción arrogante de que su ministerio es primario. Como Jesús, los grandes líderes crean oportunidades para equipar y movilizar a otros. Se enfocan en la persona de forma integral: manos, cabeza, y corazón. Y no solo forman líderes, los multiplican. Saben que la mies es mucha y que los obreros son pocos. Han aprendido que si el eterno Hijo de Dios pasó la mayor parte de su tiempo formando líderes, ellos deben hacer lo mismo.

5
MÉTODOS ADAPTATIVOS

En un tiempo de cambio drástico, son los que aprenden quienes heredan el futuro. Los eruditos están equipados para vivir en un mundo que ya no existe.

—Eric Hoffer

En 1974 terminé mi último año de secundaria y volé inmediatamente al altiplano occidental de Papúa Nueva Guinea, una isla al norte de Australia. El propósito de mi viaje fue ayudar a construir una pista de aterrizaje en una villa remota en las montañas, cuyos habitantes habían tenido contacto con europeos por menos de diez años.

A los pocos días de nuestra llegada a la aldea, unos hombres de las montañas caminaron toda la noche y llegaron temprano en la mañana para desafiar a los hombres de nuestro pueblo a un concurso. Un objeto redondo fue puesto en el suelo entre las tribus contrincantes, y por las siguientes dos horas y media, cincuenta hombres lucharon para depositar la pelota entre dos postes clavados en el piso de cada extremo del campo. Estaban jugando balompié, o como la mayoría del mundo lo llama, futbol. Era salvaje, caótico, y divertido, pero seguía siendo futbol.

Al final de la mañana los jugadores se detuvieron para almorzar camotes y bananas, y descansaron brevemente antes de reanudar el juego en la tarde. Esa noche todos los hombres se sentaron alrededor de una fogata, comieron cerdo asado y camotes mientras cantaban durante la noche. Antes del amanecer, los visitantes se fueron a casa, cantando mientras se iban. ¡Una notable mejoría con respecto a los tiempos de las guerras tribales!

Diferentes clases de futbol han sido jugadas por miles de años en diversas culturas. En la Dinastía Han, la versión china del juego era llamada *cuju*, e implicaba patear una pelota de cuero rellena con plumas y pelo a través de una apertura en una red fijada a largas cañas de bambú. Los antiguos griegos y romanos también tenían su versión del juego. Varias formas de futbol se jugaban en la Europa medieval entre pueblos competidores. Era un deporte ruidoso y muchas veces violento con equipos peleando por el estómago inflado de un cerdo.

En el siglo diecinueve los ingleses estandarizaron las reglas, y nació el juego de futbol actual. En el siglo veinte, el futbol se expandió a todas partes del globo y se convirtió en el deporte más popular en la tierra. Tres billones de personas siguen a su equipo favorito, y más de 240 millones de personas lo juegan regularmente en doscientos países. Existe el futbol en cancha abierta, cancha cerrada, futbol de playa, y "futsala" —fútbol adaptado para canchas de básquetbol. Hoy en día usted puede jugar futbol descalzo en canchas de tierra de Uzbekistán o delante de miles de fanáticos sentados en grandes estadios en Londres, siendo visto por millones más por televisión.

Nadie planeó que el futbol se convirtiese en el deporte más popular del mundo, y aun así sucedió. ¿Por qué?

El fútbol es tan difícil de dominar como cualquier otro juego, pero un nivel básico puede ser fácilmente entendido y jugado por cualquiera, en cualquier lugar, a cualquier hora, con cualquier número de participantes —hombres y mujeres, niños y niñas, viejos y jóvenes, ricos y pobres. Puedes poner una pelota redonda a los pies de un niño de tres años y él puede comenzar a jugar fútbol inmediatamente. Trata de hacer lo mismo con una pelota de futbol americano o las reglas de futbol australiano. El futbol es un juego que puede ser ajustado infinitamente dependiendo de las circunstancias, recursos, y gente involucrada.

Es por esto que es el juego del mundo.

Los métodos adaptativos son iguales que el fútbol. Son simples, fáciles de aprender, divertidos, contagiosos, adaptables, transferibles y de bajo costo.

Un Paso A La Vez

Los avances del movimiento Cristiano siempre se producen en la periferia y nunca al centro. Así que no debería sorprendernos que el "padre" del movimiento misionero evangélico fuese un zapatero pobre de pueblo y pastor bautista a medio tiempo pastor con limitada educación formal. Su nombre fue William Carey (1761- 1834)[1].

Carey fue obligado por el mandato de Cristo a hacer discípulos en todas las naciones. Algunos miembros del clérigo creían que el mandato de ir a las naciones fue dado solo a los apóstoles originales y que "los paganos" ya habían rechazado el evangelio. Otros creían que Dios en su soberanía salvaría a los paganos cuando él estuviera listo, sin nuestra ayuda. Carey les respondió con un cuidadoso estudio del mundo y de la historia de las misiones cristianas. Él sostuvo que Cristo tiene un reino que debe ser proclamado en su poder a los confines de la tierra. Sostuvo que es obligación de todos los cristianos participar en la proclamación del evangelio. Él desafió a los protestantes a comprometerse con la Gran Comisión, tan vinculante para ellos como lo fue para los primeros apóstoles.

En 1973 Carey y su familia se fueron a la India como los primeros misioneros de la recién formada Sociedad Misionera Bautista. Carey, quien se describió a sí mismo en una ocasión como "perseverante" para Cristo, fue pionero en estrategias efectivas un paso a la vez que impulsaron un movimiento misionero mundial y cambió el curso de la historia. Entregado a la India, nunca la dejó.

Carey fue un hombre brillante. Su brillantez se revela en la simplicidad de su estrategia misionera. Él permitió que el evangelio hiciera su trabajo a través de la palabra hablada y escrita en el lenguaje de la gente. La traducción de la Biblia es trabajo duro y difícil, pero una vez completa, las Escrituras pueden influenciar a una nueva cultura. En treinta años, Carey y sus asociados hicieron seis traducciones de toda la Biblia, veintitrés Nuevos Testamentos completos y porciones bíblicas en otros diez lenguajes. El propósito de Carey era ver a creyentes locales juntarse para formar una iglesia en su propia cultura y tomar la responsabilidad de difundir el movimiento cristiano. Sus métodos sencillos continuaron aún después de su muerte y se convirtieron en el patrón para los miles de misioneros interculturales que le siguieron.

Radicalmente para sus días, Carey veía el trabajo misionero como un avance de cinco puntas.

Primero, el evangelio debía ser predicado ampliamente por cualquier método posible.

Segundo, la predicación debía ser apoyada por la traducción y distribución de la Biblia en el lenguaje de la gente.

Tercero, debían establecerse iglesias locales fuera del control de la denominación de Carey en Inglaterra.

Cuarto, los obreros debían estudiar los antecedentes y la cosmovisión de aquellos que iban a recibir el evangelio.

Quinto, los creyentes locales debían ser movilizados rápidamente para expandir el evangelio.

Más que cualquier otro individuo, Carey cambió el curso del pensamiento protestante a favor de las misiones mundiales. A medida que los reportes de su trabajo llegaban a su tierra, otros tomaron el reto de las misiones mundiales. Carey había sentado las bases para la más amplia expansión del evangelio que el mundo ha visto.

Porque Son Importantes Los Métodos Adaptativos

> *Cuando vas a la guerra, necesitas tener tanto el papel higiénico como las balas en el lugar correcto y en tiempo correcto.*
>
> —**Tom Peters**

Los métodos adaptativos le permiten a un movimiento funcionar de forma que se adapte a su entorno cambiante y a su expansión en nuevos campos. El compromiso de un movimiento tanto con su ideología central y con su propia expansión provee el catalizador para el aprendizaje, renovación, y crecimiento continuos[2]. Las instituciones que están muriendo muestran las características opuestas —están dispuestas a sacrificar su identidad única, son conservadoras en el establecimiento de sus objetivos y son incapaces de enfrentar la realidad de su desempeño mediocre.

El escritor de administración Peter Drucker cuenta la historia de una pequeña empresa en India que compró los derechos para producir unas bicicletas motorizadas. Parecía ser un producto ideal para la India, pero las bicicletas no se vendían. El dueño de la firma se dio cuenta de que se hacían grandes pedidos de motores de bicicleta. La curiosidad lo llevó a los granjeros que hacían los pedidos. Él descubrió que estaban usando los motores para impulsar bombas de irrigación que antes eran operadas a mano. Su firma se convirtió en la mayor productora a nivel mundial de bombas de irrigación. Sus bombas han revolucionado la agricultura en toda Asia[3].

¿Qué hizo a este empresario indio diferente? Vio una oportunidad cuando nadie más pudo. Él tenía una pequeña compañía que estaba buscando oportunidades y estaba dispuesta a correr el riesgo. Tuvo curiosidad llegaron pedidos inesperados de motores. Salió al mundo real para entender y aprender de su inesperado éxito. Él permitió que sus clientes se convirtieran en sus maestros. Cuando descubrió por qué se estaban vendiendo los motores, fue lo suficientemente flexible como para reescribir su plan de negocios. Cuando pienso en este hombre, una frase viene a mi mente —*determinado y enseñable*.

Las intensas experiencias religiosas que dan lugar a nuevos movimientos serían fugases a menos que encarnaran en alguna forma de organización humana. Esto presenta a cada nuevo movimiento con un dilema —cómo evitar extinguir el "momento carismático" que genera fe al rojo vivo (la primera clave de la vitalidad de un movimiento) mientras le da expresión sostenida en formas sociales[4]. Cuando un movimiento no puede definirse a sí mismo en formas organizacionales, nos quedamos con "ideas y práctica vagas y mal definidas propagándose en una población que nunca es apartada de sus compromisos tradicionales"[5]. Esto es una moda, no un movimiento.

Los movimientos misioneros dinámicos rechazan la exigencia de escoger entre una fe al rojo vivo *o* métodos adaptativos. Viven entre ellos en tensión creativa. Una clave para el éxito del pentecostalismo ha sido su habilidad para juntar lo sobrenatural y el pragmatismo en un matrimonio curiosamente compatible. Los movimientos más efectivos y sostenibles viven en tensión entre el caos y la creatividad del entusiasmo espiritual y la estabilidad provista por estrategias y estructuras efectivas. Para que un movimiento pueda ser sostenible la pasión debe ir acompañada de disciplina.

El Avivamiento de Gales de 1904-1905 fue dirigido por Evan Roberts, cuyo ministerio estaba basado en hacer solo lo que el Espíritu le decía que hiciera. Cerca de 100.000 personas hicieron un compromiso cristiano durante el avivamiento, y la iglesia alrededor del mundo fue influenciada profundamente. A pesar de esto, el cristianismo en Gales continuó declinando gradualmente. En 1906 Robert sufrió un colapso físico y emocional. Para el año siguiente, Robert se había retirado del ministerio público para dedicar el resto de su vida a la oración intercesora[6]. El Avivamiento de Gales fue un fenómeno pasajero que no fue sostenido por estrategias efectivas y enseñanza bíblica. No hubo organización ni liderazgo oficial. La energía espiritual desatada por el avivamiento no se usó en función de los demás y se perdió o fluyó hacia otros movimientos.

¿Cómo Deben Ser Los Métodos Adaptativos?

Los métodos adaptativos sirven al propósito de un movimiento sin llegar a ser un fin en sí mismos. Acá hay algunos ejemplos:

Grupos de Transformación de Vida. Los bloques de construcción de las Capillas del Despertar de Neil Cole son los "Grupos de Transformación de Vidas" (GTV). Dos o tres personas se reúnen semanalmente para leer las Escrituras, confesar sus pecados y orar unos por otros. También se rinden cuentas unos a otros para obedecer lo que han aprendido. Las preguntas de rendición de cuentas se han acordado, y cada grupo escoge los treinta capítulos de la biblia que van a leer cada semana. Cuando el grupo crece a cuatro, se multiplica en dos grupos.

No hay una coordinación central o supervisión de los grupos. Los grupos se reproducen por si solos. Neil cree que si la gente está leyendo grandes porciones de la escritura, confesando sus pecados y orando juntos, es difícil para ellos meterse en muchos problemas. Los GTV son un método adaptativo. Son simples, reproducibles, flexibles y contagiosos.

El Curso Alfa. Conozco trabajadores de fábricas en China y yuppies en Londres que están llegando a la fe a través del Curso Alfa. Los Cursos Alfa permiten a la gente explorar las bases de la fe cristiana en un ambiente relajado y relacional. El curso se enseña alrededor del mundo a través de miles de iglesias que representan las mayores denominaciones cristianas. Está en todos lados —152 países, 21.000 iglesias, y en el 80 por ciento de las prisiones en Gran Bretaña. Decenas de miles de personas comunes han sido entrenadas para dictar los cursos. Once millones de personas de todas las edades han completado el curso hasta ahora. La tasa actual de finalización es de alrededor de un millón al año, y está en aumento[7].

El curso Alfa funciona porque entiende la importancia de las redes relacionales. Cientos de miles de personas cuyas vidas han sido cambiadas por Alfa invitan a sus amigos y familiares a participar en futuros cursos. Los invitados son más propensos a venir y quedarse por una relación significativa. Los cursos Alfa permiten a las personas explorar las bases de la fe cristiana en un ambiente relajado y relacional. Una vez que se involucran, Alfa se convierte en un lugar seguro para pertenecer antes de creer. Ellos pueden preguntar cualquier cosa y decir lo que piensan, y serán tomados seriamente. Las comidas compartidas, las discusiones y los retiros crean una comunidad alrededor de la experiencia del descubrimiento.

Alfa pasa el test de método adaptativo. Funciona para los fines previstos. Puede tomar formas diferentes en contextos diferentes. Puede crecer y multiplicarse manteniendo la calidad. Es minimalista: no necesita mucho dinero, personal profesional, o infraestructura para que funcione.

Traducción Bíblica. Traducir la Biblia no es un proceso fácil o simple. De los 6.912 idiomas del mundo, 2.251 no tienen ninguna traducción de la Biblia[8]. Las traducciones pueden tomar muchos años en completarse y a menudo deben ir acompañadas de programas de alfabetización. Aun así, sigue siendo un método adaptativo.

La traducción de la Biblia difiere dependiendo de las circunstancias. La misión de los Traductores de la Biblia Wycliffe es hacer "la Palabra de Dios accesible a todas las personas en el idioma de su corazón". El ministerio StoryRunners envía equipos a culturas orales donde los niveles de alfabetización son bajos; allí traducen y esparcen historias bíblicas[9]. Una vez traducida, la contagiosa influencia de las Escrituras puede expandirse y permear una cultura. El resultado es la expansión del evangelio y el establecimiento de una iglesia indígena. La traducción bíblica combinada con la alfabetización es uno de los métodos adaptativos más efectivos en las misiones mundiales.

Debido al trabajo de los traductores de la Biblia, el cristianismo es por mucho la religión más cultural y lingüísticamente diversa de todas. El historiador de Yale y nativo de África, Lamin Sanneh, señala que "el cristianismo ha sido el mayor impulso detrás de la creación de más diccionarios y gramáticas de los idiomas del mundo en la historia"[10]. El considera que —contrario a las creencias populares, y en fuerte contraste con el islam— el cristianismo conserva la vida y cultura indígena por su énfasis en la traducción a lenguajes maternos[11].

Cómo Reconocer Un Método Adaptativo

Los métodos adaptativos se reconocen por su fruto. Estos métodos son funcionales, sensibles, simples, sostenibles y resistentes. Los métodos adaptativos permiten a un movimiento funcionar en formas que se adaptan a su entorno cambiante y su expansión en nuevos campos.

Los movimientos que se alejan de sus creencias centrales están siempre en riesgo, pero también lo están los movimientos que consideran la forma en la que funcionan al momento como sagrada.

Cuando organizaciones y movimientos poderosos en una era terminan lisiados en la siguiente, la causa es a menudo "la falta de éxito"[12]. Están tan convencidos de que lo que hacen está bien que dejan de prestarle atención al mundo que los rodea. Dejan de aprender y adaptarse. Aun peor, los métodos informales que les dieron el éxito inicial se formalizan en políticas y procedimientos complejos e inflexibles. La creatividad y la innovación saltan del barco o se las hace caminar por la plancha.

Existe una cura para los movimientos que han perdido contacto con el mundo cambiante. Deben visitar nuevamente a sus creencias centrales y darles a los jóvenes y a los de espíritu joven la libertad de explorar algo nuevo. La necesidad es la madre de la invención. Las nuevas ideas vienen de nuevos desafíos. Una de las mejores formas de renovar una iglesia existente es que esa iglesia plante una nueva iglesia y vea que sucede.

Me senté en un cuarto con cerca de cuarenta líderes de iglesias reunidos para escuchar hablar a un misionero transcultural con el que yo trabajo acerca del movimiento de plantar iglesias en Asia. Él ha estado en medio de la acción por más de una década. Él sabe cómo movilizar a nuevos creyentes para compartir su fe y plantar iglesias. Este hombre nos dijo que uno de los elementos claves para el movimiento de plantación de iglesias es asegurarnos de que cada nuevo creyente tenga una forma simple de compartir inmediatamente su historia y el evangelio con sus amigos y familiares.

Los líderes de las iglesias querían analizar su modelo de evangelismo. Ellos querían hablar sobre nuestro contexto cultural. Querían ir más profundo. Deseaban guiar a este hermano a la complejidad y lo abstracto, donde nos sentimos cómodos. Él escuchó por un tiempo y luego les preguntó paciente y repetidamente,

"¿Pero con quién podrías compartir el evangelio esta semana? ¿Qué estás dispuesto a hacer?". Éramos nosotros los que teníamos grados académicos, la experiencia ministerial y los recursos. Era él quien tenía los nuevos creyentes y las nuevas iglesias.

Tabla 3

Estrategias Insostenibles para Plantar Iglesias	Estrategias Sostenibles para Plantar Iglesias
Financiar completamente toda plantación	Entrenar a los plantadores para levantar fondos o convertirse en hacedores de tiendas
Requerir entrenamiento de seminario para cada plantador	Multiplicar entrenadores en el campo
Proveer un entrenador para cada plantador	Equipar a cada plantador establecido para que entrene a la siguiente ola de plantadores
Proveer subsidios a largo plazo en las plantaciones con problemas	Permitir a las iglesias tomar responsabilidad
Las iglesias madre toman la responsabilidad del presupuesto y la administración de las plantaciones	Empoderar a la iglesia plantada para que instaure su propio sistema
Planear y coordinar centralmente donde y cuando se plantarán nuevas iglesias	Esperar que iglesias y plantadores busquen de Dios, investiguen y multipliquen iglesias donde haya la necesidad
Comenzar una iglesia	Multiplicar iglesias
Una denominación como única responsable de identificar y reclutar plantadores	Cada plantador entrena aprendices en su equipo para futuras plantaciones

Estrategias Insostenibles para Plantar Iglesias	Estrategias Sostenibles para Plantar Iglesias
Las congregaciones satélite dependen para siempre de la iglesia enviadora	Las congregaciones satélite se independizan rápidamente convirtiéndose en centros multiplicadores
Movimiento que se mantiene unido por medio de fuertes sistemas de control organizacional	Movimiento que se mantiene unido por una causa común y sus relaciones

¿Son tan simples nuestros métodos que el creyente más nuevo los está usando? Es así como los movimientos multiplican discípulos, grupos y comunidades de fe. Ellos democratizan todos sus métodos y permiten que cada seguidor de Jesús sea partícipe. Los métodos deben ser lo suficientemente simples como para poder reproducirlos fácil, rápida y␣sosteniblemente. Acá le damos algunos ejemplos de estrategias para plantar iglesias sostenibles e insostenibles.

La centralización y la estandarización son enemigos de la innovación. Las compañías verdaderamente grandes no hacen sus mejores movimientos a través de brillantes y complejos planes estratégicos. Lo que hacen es "intentar muchas cosas y ver que funciona"[13]. Permanecen fieles a su causa y encuentran diferentes formas de alcanzarla, luego evalúan el fruto y multiplican lo que es efectivo.

Solo existe un evangelio, y solo una iglesia, pero deben ser expresados en una diversidad de formas interminable. Mire a su alrededor. Dios ama la diversidad. Por eso me gustan las iglesias de toda forma, tamaño y estilo. Por eso prefiero ver diez diferentes formas de alcanzar a los refugiados africanos con el evangelio que solamente una. Los métodos adaptativos aseguran que un movimiento pueda responder efectivamente y a largo plazo a un entorno cambiante.

Jesús Y Los Métodos Adaptativos

Como el Verbo hecho carne, Jesús entró completamente a nuestro mundo. Él escogió comunicarse y ministrar en formas que encajaban con su contexto y eran entendidas fácilmente por sus discípulos. Su mensaje fue profundo pero simple. Fue fácilmente transmitido, moldeado y llevado por sus discípulos. Acá hay algunos ejemplos de cómo Jesús hizo uso de los métodos adaptativos.

Su enseñanza. Ningún otro rabí enseñó como Jesús. El caminó de aldea en aldea y enseñó a hombres y mujeres, grandes multitudes y grupos pequeños, en sinagogas y en espacios abiertos, en pequeños mercados y en casas privadas[14].

Los dichos y las historias de Jesús eran breves, iban al punto y estaban llenos de significado. Eran visuales y poéticos, y los dijo repetidamente para que pudieran ser recordados fácilmente y transmitidos a otros, que fue lo que los discípulos hicieron cuando fueron enviados por Jesús[15].

Al final del ministerio de Jesús, el contenido de su mensaje estaba grabado en las mentes y los corazones de sus discípulos. Estos profundos pero sencillos dichos e historias eran transmitidos fácilmente a medida que el movimiento misionero avanzaba de persona a persona, grupo a grupo, y cultura a cultura. Sus enseñanzas e historias no han perdido su interés o poder en dos mil años.

Dialogo con individuos. El encuentro de Jesús con la mujer Samaritana (Juan 4:1-42) muestra como él adaptaba su mensaje a las necesidades de su audiencia, aun si esa audiencia era tan solo de una persona[16].

Jesús estaba cansado, agobiado por el calor y en necesidad de descanso por el viaje. Aun así, comenzó la conversación con la mujer a pesar de los muchos aparentes obstáculos entre ellos. Ella era una mujer samaritana sin educación y de reputación cuestionable. Él era un hombre judío con enemigos buscando cualquier excusa para desacreditarle. Jesús era el portador de la revelación de Dios, pero permitió que la mujer determinara la dirección y la forma de la conversación. Jesús tomó seriamente su trasfondo y sus respuestas y los usó como una oportunidad de compartir el evangelio. El usó el idioma de ella para comunicar su mensaje. También se dirigió personalmente a ella y trató con el asunto clave en su vida. Él tenía un mensaje universal pero lo moldeó de forma que tuviera significado para esta mujer. Fue paciente y permitió que la verdad de quien era fuese revelada a ella gradualmente. Ella era importante para él.

Cuando los discípulos volvieron, Jesús usó su conversación con esta mujer como una oportunidad para enseñarles a compartir el evangelio. Fueron ocasiones como esa en las que Jesús modeló las habilidades que los discípulos necesitarían cuando los enviara en misiones de corto plazo. Luego en Hechos vemos como los discípulos aplicaron lo que Jesús les enseñó sobre el ministerio con individuos y diferentes audiencias.

Desarrollo del liderazgo. Jesús entrenó a sus discípulos de una manera que era reproducible y transferible. Él no puso restricciones innecesarias en cuanto a quien podía ser entrenado y confiársele un ministerio importante. Él esperaba fidelidad al evangelio en palabra y en verdad, pero no había requerimientos académicos o institucionales artificiales para los entrenados. Además, Jesús sabía que el Espíritu Santo vendría a guiar a sus seguidores a toda verdad y a empoderarlos para el ministerio. Él no dejó un manual de ministerio con procedimientos y políticas. Esperaba que viajasen ligeros en dependencia del Espíritu y, tal como Jesús lo había hecho, que adaptaran el mensaje inconmovible del evangelio a cada circunstancia.

Jesús no vino para fundar una organización religiosa. Él vino a formar un movimiento misionero que se expandiría hasta lo último de la tierra. Desde el principio, el modeló un compromiso con métodos que fueran adaptables, transferibles y fácilmente reproducibles. Después, lo más importante, dejó a sus seguidores hacerlo con la promesa de su presencia guiadora a través del Espíritu Santo.

Los primeros cristianos llevaron a cabo la misión confiada a ellos con gran coraje, ingenuidad y flexibilidad. Ellos no tenían ningún modelo de movimiento internacional para seguir. Ninguno había existido antes. No había precedentes. Enfrentaron a una cultura política y religiosa dominante y antagonista con sus finanzas y apoyo organizacional limitados. Aun así el evangelio salió a través de ellos de Jerusalén a Judea, Samaria y hasta lo último de la tierra. Su estrategia fue simple: querían ganar tanta gente como fuese posible a la fe en Jesucristo y reunirlos en comunidades que se convertirían en centros de misión mientras ellos ansiosamente esperaban su retorno[17].

Siguiendo el ejemplo de Jesús, Pablo tomó a sus oyentes seriamente. Él se describió a sí mismo como un hombre libre que se convirtió en esclavo de todos por la causa del evangelio. Pablo adaptó sus métodos para poder ganar a algunos. Pablo estaba dispuesto a "ser todo para todos" (1 Corintios 9:22), sin importar su trasfondo. Su meta era ganar gente.

Pablo nunca dijo que se convertiría en un adultero para los adúlteros o en un pagano para los paganos. El evangelio —no el pragmatismo— determinaron los límites de su flexibilidad como misionero. Pablo abogó por relevancia cultural, no relativismo cultural (1 Corintios 9:19-23)[18]. Pablo no estaba bajo una ilusión cuando pensó que si de alguna manera él podía conseguir la forma del mensaje "correcto" para la cultura, entonces las personas le creerían. Sabía que los judíos esperaban que Dios se revelara a sí mismo en poder y gloria, mientras que los griegos buscaban sabiduría. Ninguno de ellos podía entender a un Dios que se reveló a sí mismo en la Cruz (1 Corintios 1:22-25)[19]. A pesar de su deseo de adaptarse a su audiencia, Pablo enseñó que

MÉTODOS ADAPTATIVOS

detrás de la efectividad del evangelio estaba la presencia poderosa de Dios a través del Espíritu Santo (1 Tesalonicenses 1:5-6).

Un elemento importante en la estrategia de Pablo fue el establecimiento de nuevas iglesias. Él no solo ganó convertidos, los reunió en comunidades de fe. Gran parte del ministerio de Pablo y su equipo se enfocó en visitas y cartas a las iglesias, entrenamiento de líderes locales, y la corrección de peligrosos errores en las creencias y el comportamiento. Las iglesias se reunían en casas y eran dirigidas por creyentes locales. Se reunían para alabar, enseñar, y darse apoyo mutuo. El deseo de Pablo era el de llevar a cada nueva iglesia a la madurez para que así él pudiera seguir adelante hacia su próximo destino, con la iglesia como socia en su misión.

La terca intransigencia del cristianismo combinada con la flexibilidad en los métodos fue la clave de su éxito[20]. El cristianismo primitivo se negó a comprometer sus creencias esenciales en la lucha contra el paganismo y con las prácticas sociales y morales de las culturas que les rodeaban. La terquedad le dio al cristianismo su fuerza interna, y la flexibilidad le permitió adaptarse al contexto social, intelectual y cultural. El cristianismo era adaptable sin ser sincrético.

El sincretismo, el intento de fusionar la fe cristiana con una o más creencias que se oponen, es en esencia la negación de la singularidad del evangelio. El cristianismo resistió un impulso sincrético: el concilio de Jerusalén (Hechos 15) rechazó el intento de algunos de imponer los requerimientos de la ley judía a los creyentes gentiles; en otro frente la iglesia primitiva resistió los intentos del estado de Roma y de la cultura griega de convertir al cristianismo en uno más del grupo de religiones aceptables. El cristianismo se sintió en casa en ambos mundos, el judío y el greco-romano, y aun así no sacrificó su mensaje para ganar aceptación.

Aprendiendo De "Barney"

Estaba visitando a algunos de los misioneros transculturales con los que trabajo en Asia. Me encontraba empacando para ir al aeropuerto cuando alguien mencionó que había una pareja de Nueva Zelanda en la ciudad que había visto a más de tres mil personas venir a la fe en un movimiento de plantación iglesias. Después de una rápida llamada, me apresuré para conocer a "Barney" en mi camino al aeropuerto.

Barney es diminutivo de Bernabé. Él vive en un país de acceso restringido, y es por ello que no puedo decirles su verdadero nombre. Pero la historia fue real. Hubo miles de personas convertidas y cientos de iglesias plantadas —aunque de una forma que yo no esperaba.

La mayoría de los convertidos nunca conocieron a Barney. Solo era conocido por un puñado de líderes en el movimiento. En los primeros años él había llevado a algunos de los líderes claves a Cristo; inmediatamente se concentró en ayudarles a ganar a sus amigos y familiares y a plantar iglesias.

Muchos factores contribuyeron a esta asombrosa historia de avance del evangelio. El aspecto en el que me quiero enfocar se relaciona con los métodos adaptativos. Barney inició su ministerio asumiendo que su rol era ser evangelista, maestro y plantador de iglesias. Sus primeros esfuerzos no tuvieron mucho éxito, así que decidió convertirse en un estudiante. Buscó evidencia de la actividad de Dios en el campo. Observó y notó lo que Dios estaba bendiciendo. Incluso observó la actividad de Dios en los contratiempos.

Cuando Barney visitaba algunas comunidades, la policía llegaba para investigar el motivo de su presencia. Así que por razones de seguridad decidió tomar un papel en segundo plano y equipar a nuevos convertidos para hacer ministerio. Pronto descubrió que esto no solo era bueno por seguridad, también era una buena práctica de plantación de iglesias. Los nuevos creyentes podían hacer un trabajo mucho mejor del que él hacía. Un cambio de paradigma estaba ocurriendo en su entendimiento de su rol y estrategia.

Barney se convenció de que los extranjeros no son los mejores plantadores de iglesias —los creyentes locales sí. Descubrió que podía contribuir como socio con los locales a través de mentoreo, recursos, resolución de problemas y entrenamiento. Se aseguró de hacerlo todo de manera simple, efectiva y transferible.

Muchos misioneros transculturales se enfocan en la "contextualización". Quieren asegurarse de que el evangelio y la iglesia provengan de forma tal que sea relevante para la cultura receptora. La primera preocupación es la "indigenización" — asegurarse de que los creyentes locales tomen la responsabilidad de difundir el evangelio. Si eso pasa, ellos harán un mejor trabajo haciendo que las formas del evangelio y de la iglesia sean relevantes para su cultura.

A medida que los lideres maduraban, Barney se involucraba menos de forma directa. Hoy en día trabaja asociado a ellos para plantar iglesias en los lugares que no han sido alcanzados, a la vez que entrena a otros trabajadores locales y extranjeros para aplicar los mismos principios. Se ha conectado con obreros en otras localidades que han tenido experiencias similares. Para cada uno de ellos estos descubrimientos comenzaron cuando confrontaron su falta de progreso y se preguntaron, "¿Cómo podemos asociarnos con lo que Dios está haciendo?".

En años recientes, estos obreros han combinado su aprendizaje, y nuevas estrategias están dando fruto alrededor del mundo. El libro de David Garrison *Movimientos de Plantación de Iglesias*[21] captura este nuevo paradigma de misiones, que en realidad es un viejo paradigma redescubierto.

Conclusión

Para cumplir su misión, los movimientos más efectivos están preparados para cambiar todo sobre ellos mismos excepto sus creencias básicas. Sin compromisos con la tradición, los movimientos se sienten libres de experimentar con nuevas formas de la iglesia y nuevos métodos efectivos de ministerio. Los movimientos plasman su visión y valores en sistemas que son efectivos, flexibles, y reproducibles, sobreviviendo e incluso sobrepasando la influencia de la primera generación de líderes.

MÉTODOS ADAPTATIVOS

Los métodos adaptativos son el andamiaje de un movimiento, no la construcción en sí misma. Nos recuerdan que el reino del cielo debe ser afirmado en la practicidad diaria. Un organismo viviente no puede sobrevivir sin sistemas efectivos que puedan adaptarse a diferentes entornos. Las buenas noticias de Jesucristo son inconmovibles y eternas, sin embargo su forma debe cambiar continuamente en respuesta a cada situación. Nuestros métodos deben servir a nuestro mensaje asegurándose de que el evangelio se expanda sin obstáculos a través de fronteras culturales y geográficas.

CONCLUSIÓN
El Futuro Ya Está Aquí

Hemos observado cinco lecciones recurrentes sobre lo que significa para el pueblo de Dios ser un movimiento misionero. Esas lecciones no son un programa o una fórmula, y su aplicación difiere en cada contexto. Así que no se preocupe si no está seguro de dónde o cuándo comenzar. Los mejores obreros rara vez lo saben.

Aquí están las historias de dos líderes, uno en Kenia y el otro en Australia. Estos líderes han tenido un comienzo impresionante, y continúan aprendiendo de qué se trata un movimiento misionero.

Formando Hijos E Hijas: La Capilla De Nairobi

Visité África por primera vez en el 2008 y conocí a Oscar Muriu, pastor de la Capilla de Nairobi en Kenia. Cuando Oscar tomó el liderazgo de la Capilla de Nairobi en 1989, él tenía la ventaja de no saber lo que estaba haciendo. Tenía veintisiete años de edad y fue el primer pastor africano de una congregación pequeña y predominantemente blanca. La iglesia soñaba con el renacimiento de la Capilla de Nairobi como una congregación Africana que alcanzara a las comunidades que le rodeaban, lo que incluía a la Universidad de Nairobi.

Oscar se puso como meta alcanzar a estudiantes universitarios; desde el principio, se enfocó en formar líderes en lugar de hacer crecer de la iglesia. Creó un programa de pasantías sin costo alguno para la iglesia. Los pasantes generaban su propio apoyo económico. Oscar se aseguraba de que a cada pasante se le presentara una oportunidad desafiante; él esperaba que el desafío los mantuviera sobre sus rodillas o al menos despiertos en la noche por la preocupación.

Oscar desarrolló el modelo de pasantía haciendo la pregunta, "¿Qué hizo Jesús con los Doce?". Se le ocurrieron cinco cosas. Jesús pasó tiempo enseñándoles. Los puso en equipos. Los envió a hacer ministerio. Les demostró y enseñó como orar y aplicar las Escrituras a sus vidas. Finalmente, Jesús los preparó para tomar la responsabilidad cuando él se fuera.

Para el año 2000, la Capilla de Nairobi había crecido a casi cuatro mil adultos y niños, había plantado siete iglesias. Entonces Oscar llevó su compromiso de formar líderes más allá. Convenció a los ancianos de la iglesia de que solo se le permitiría predicar la mitad del tiempo, y el resto del mismo entrenaría a otros para predicar. El líder de alabanza dirigía la mitad del tiempo y entrenaba a nuevos líderes de alabanza para la otra mitad. Los profesores de niños solo podían enseñar la mitad de las sesiones y pasarían el resto del tiempo entrenando a nuevos profesores. Todos los ancianos debían ser mentores de las personas que los reemplazarían cuando su segundo término concluyese.

Ahora Oscar tenía un problema. Observo a la iglesia y se dio cuenta de que tenía demasiados líderes. Él sabía que si no los utilizaba pronto, se aburrirían; eventualmente su frustración se convertiría en criticismo. Así que Oscar dividió su iglesia de cuatro mil miembros en cinco iglesias. Envió a alguno de sus mejores pasantes de veintitantos años como plantadores de iglesias. También envió ancianos experimentados, la mayoría de treinta y tantos años, para apoyar a los plantadores. Cada equipo de plantación de iglesias salió con líderes de alabanza, líderes de grupos en casas y maestros de niños y de jóvenes con entrenamiento y experiencia.

La creciente red de iglesias se encuentra ahora multiplicando pasantes a medida que cada nueva iglesia desarrolla sus programas. Visité a Oscar en Nairobi y conocí a uno de sus plantadores de iglesias. Este hombre había abandonado una carrera legal lucrativa debido al impacto que tuvo el programa de pasantías en su vida. Mientras cenábamos cabra asada le pregunté, "¿Cuántos pasantes tienes?" "Diez", respondió. La gente de Oscar ha dominado la diferencia entre crecimiento por adición y crecimiento por multiplicación.

Hoy en día, la Capilla de Nairobi ha plantado veinticinco congregaciones en Nairobi con miles de miembros. De estas, catorce iglesias están en los barrios pobres de Nairobi, donde los miembros hacen evangelismo, discipulado, forman líderes y plantan iglesias, justo donde están las personas.

Para el 2020 Oscar y su equipo quieren plantar trescientas iglesias en Kenia, otras partes de África, Europa, Asia y América. Le pregunte a Oscar cual era la clave de su éxito. Me dijo, "Todo lo que hago es copiar. No necesitas ser listo para copiar. Miro las Escrituras y pregunto, '¿Qué hizo Jesús?'. A eso le llaman obediencia".

Una de sus declaraciones que nunca olvidaré fue: "Steve, yo no planto iglesias. Formo hijos". Y algunos de sus mejores "hijos" son hijas; cerca de la mitad de sus pasantes son mujeres.

Oscar es un líder de movimiento. No se ha aferrado a su poder y posición como pastor de una gran iglesia. En lugar de eso, ha decidido usar su posición y poder para servir a un movimiento misionero y para formar líderes que hacen lo mismo. ¿No es eso lo que Jesús haría?

Adoptando Una Cuadra: Berkley, Australia

Berkley es un pequeño pueblo de clase trabajadora en el sur de Sídney, Australia. El desempleo es alto desde que las fábricas de acero cerraron. Algunas familias han recibido asistencia social por dos y hasta tres generaciones, y pasan varias horas del día viendo televisión. Wayne Pickford es un exluchador profesional con un corazón para alcanzar a estas personas. En el 2007 organizó un encuentro de lucha libre para conectarse con la comunidad —y para fundar una iglesia al mismo tiempo.

Wayne juntó un pequeño equipo de personas con pasión por Jesús y un corazón por el evangelismo. A menudo estas personas eran dejadas de lado en las iglesias existentes por su entusiasmo. Wayne tomo a estos entusiastas, les enseñó a amar a las personas, y los envió a convertirse en pastores de un vecindario. Ellos "adoptan" una cuadra a la vez y comienzan a tocar puertas. Visitan cada casa, cada mes, con la intensión de ofrecer el amor de Jesús a las personas.

Los miembros del equipo salen para servir a la comunidad y esperar oportunidades para compartir el evangelio. Han estado visitando a tres personas diferentes con cáncer terminal. La mayoría de las semanas es la única visita que esas personas reciben. No hay suficientes trabajadores para cubrir cada vecindario, así que la gente pregunta, "¿Cuándo van a visitar nuestra calle?". Las personas también se están inscribiendo para unirse a los grupos de estudio Alfa que exploran el significado de ser cristiano. Algunos se han ofrecido como voluntarios para unirse al grupo de "adoptar una cuadra".

Las calificaciones de Wayne para el ministerio son su trasfondo en la clase trabajadora y sus experiencias como oficial de prisión y luchador profesional. No se graduó del seminario, y no esta ordenado —pero sí sabe cómo compartir el evangelio con las personas que necesitan a Jesús. Sabe cómo reclutar un equipo de pioneros para ir a un pueblo no alcanzado. Sabe cómo hacer discípulos y reunirlos. Sabe cómo ayudar a nuevos discípulos a alcanzar a sus amigos y familiares con las buenas nuevas.

Wayne mira a Australia y ve cientos de pueblos y suburbios como Berkley. Ya está pensando en cómo entrenar y enviar equipos a estos pueblos. Quizás su denominación está nerviosa porque Wayne no tiene calificaciones formales. Quizás las iglesias existentes se enojarán porque Wayne y su equipo vayan a "sus" parroquias. Si Wayne me preguntara que hacer con estas preocupaciones, yo le preguntaría, "¿Qué hizo Jesús? ¿Cómo sería para ti continuar el ministerio de Jesús en el poder del Espíritu Santo?"

Noticias De Alrededor Del Mundo

En diferentes contextos, en diferentes partes del mundo, Oscar y Wayne se hacen la pregunta, "¿Cómo puedo obedecer a Jesús y tomar seriamente su mandato de hacer discípulos?". Su punto de inicio es el evangelio de Jesucristo y la iglesia como movimiento misionero. De manera propia, cada uno reveló las características de los movimientos dinámicos: fe al rojo vivo, compromiso con una causa, relaciones contagiosas, rápida movilización y métodos adaptativos.

Oscar y Wayne no están solos. Son parte del movimiento cristiano global que está cambiando el mundo. La evidencia de este cambio es fácil de ver. La transformación del cristianismo durante el último siglo de ser una gran fe europea a una verdadera comunidad global ha sido sorprendente. Hace un siglo casi no había cristianos en Corea. Hoy en día Corea del Sur tiene 16.616 misioneros transculturales en 173 países; solo los Estados Unidos envían más misioneros que ellos. Seúl, la capital de Corea del Sur, cuenta con once de las doce congregaciones más grandes del mundo.

No solo son los coreanos; indios, chinos, brasileros y nigerianos están profundamente involucrados en alcanzar a sus propias naciones y en hacer misiones a nivel mundial. La Iglesia Cristiana Redimida de Dios, con base en Nigeria, tiene congregaciones en noventa países alrededor del mundo, incluyendo América. Los nigerianos lideran algunas de las más grandes iglesias en Gran Bretaña. En India (que pronto sobrepasará a China como el país con más población del mundo), no se te considera un jugador serio si no has plantado dos mil iglesias. Sigo conociendo a líderes de movimientos que han hecho eso y más. Un amigo tiene la meta de plantar cien mil iglesias y ha tenido un buen comienzo. Otro tiene la visión de tener una iglesia en cada una del millón de aldeas en la India, y para cada uno de los 4.693 grupos de étnicos de ese país.

Cada día, el 91 por ciento del incremento en el número de cristianos se puede encontrar en África, Asia o Latino América. A mediados del siglo veinte, cuando China cayó bajo el régimen comunista, miles de misioneros fueron forzados a abandonar el país, y las iglesias fueron estrictamente controladas o forzadas a la clandestinidad. Sin las finanzas o entrenamiento del occidente, la iglesia China debería haber colapsado. En lugar de eso, se expandió más allá de cualquier expectativa. Hoy en día nadie sabe con exactitud cuántos cristianos hay en China, pero las estimaciones varían entre 60 y 100 millones, y el número continúa incrementándose a una tasa de 16.500 nuevos creyentes por día[1]. La gran mayoría de estos creyentes participan en iglesias que funcionan como movimientos misioneros con un intenso compromiso por alcanzar a su nación. Además, ha habido un amplio movimiento dentro de la iglesia China de llevar el evangelio hacia el oeste, a través de Asia Central y el Medio Oriente —predominantemente musulmanes— "de vuelta a Jerusalén", de donde provino. La visión es enviar 100.000 misioneros chinos, y el envío ya ha comenzado. Durante los siguientes treinta años China seguirá siendo el poder económico y militar mundial en ascenso. También se convertirá en el hogar de millones de nuevos creyentes y en un nuevo centro para la expansión del cristianismo.

Europa cuenta la historia más triste de una utopía secular que jamás se materializó. El compromiso con la fe y la familia ya no existen. Europa es próspera, pero su sociedad es insostenible. Una sociedad que le ha dado la espalda a Dios solo puede encontrar realización en un hedonismo de corto plazo. El islam está creciendo, en gran parte por la combinación de la inmigración y las altas tasas de fertilidad de los musulmanes que ya se encuentran en Europa. Las iglesias ya establecidas están irremediablemente secularizadas, impotentes por el legado de manutención estatal. La Iglesia de Inglaterra no puede pagar los 1,4 millones de libras esterlinas requeridas para mantener sus instalaciones actuales. En la siguiente década, miles de estas iglesias serán obligadas a cerrar.

No todas las noticias de Europa son malas. Los evangélicos, carismáticos y pentecostales europeos continúan creciendo tanto en números absolutos como en porcentaje de población. Sobrepasan a los musulmanes en Europa a razón de dos a uno[2].

A medida que las iglesias establecidas de Europa colapsan, se ha producido un crecimiento significativo en las iglesias inmigrantes entre africanos, asiáticos y latinoamericanos. El crecimiento ha sido tanto en vitalidad como en número. La iglesia más grande en Europa está localizada en Kiev, Ucrania. Posee treinta mil miembros, blancos en su mayoría, y fue fundada por un nigeriano, Sunday Adelaja. Cien iglesias han sido plantadas en toda Ucrania, con doscientas iglesias plantadas en la antigua

Unión Soviética, a lo largo de Europa, y en el resto del mundo[3]. En Londres, tres de las cuatro iglesias más grandes —todas con miles de asistentes— están dominadas en su mayoría por inmigrantes.

En los Estados Unidos han surgido un número de redes multiplicadoras de iglesias. Tim Keller plantó la Iglesia Presbiteriana Redentor en Nueva york, una de las ciudades más seculares en América. La iglesia ha crecido hasta alcanzar los miles y se ha convertido en un centro de entrenamiento para plantadores de iglesias. La Iglesia Redentor ha plantado diecisiete iglesias en Nueva York; también ayudó a pentecostales, bautistas sureños, y luteranos a plantar otras cincuenta iglesias en la ciudad. Mientras tanto, iglesias citadinas que siguen el modelo de Redentor han surgido en lugares como Boston, Washington, San Francisco, Berlín, Londres y Amsterdam[4].

En 1996, Mark Driscoll plantó la Iglesia de Mars Hill en Seattle, Washington, en una ciudad en la que según él hay más perros que cristianos. La iglesia ha crecido, y el ejemplo de Mark ha inspirado a otros, lo que llevó a Mark a formar la red Hechos 29. Hasta ahora, 170 iglesias Hechos 29 han sido plantadas en América, Canadá, África, India, Tailandia y pronto también en Australia.

En Texas, Bob Roberts no estaba contento con solo plantar una iglesia. Bajo su liderazgo, la Iglesia North Wood ha plantado catorce iglesias en un radio de quince kilómetros. No sorprende que alguien piense que cualquiera puede fundar iglesias en Texas, pero Glocalnet, el ministerio de plantación de iglesias de North Wood, ha ayudado a iniciar cien iglesias alrededor del mundo, alcanzando a treinta mil personas. Muchas de estas iglesias se han dedicado a plantar iglesias, convirtiendo a North Wood en tatarabuela. Bob me enseñó que el éxito no está en dirigir una gran iglesia; el éxito está en conducir una iglesia que se multiplica[5].

Tim Keller, Bob Roberts, Mark Driscoll, Ralph Moore y Neil Cole son solo algunos líderes cuyos ministerios representan una tendencia creciente en América del compromiso a la multiplicación de iglesias. El crecimiento de la iglesia, e incluso la plantación de iglesias, son vistos como secundarios a la multiplicación. Todos estos hombres comparten una fuerte fe bíblica, una confianza en el poder capacitador del Espíritu Santo y un corazón para hacer discípulos en sus patios traseros y alrededor del mundo.

Como Termina La Historia

Existen muchas otras historias de países lejanos como Mongolia y Nepal que podrían ser contadas, historias de cómo nuestros hermanos y hermanas en Cristo están demostrando fe al rojo vivo, compromiso con la causa, relaciones contagiosas, rápida movilización y métodos adaptativos —incluso mientras lees este libro. El evangelio de Jesucristo continúa expandiéndose por la gracia y el poder de Dios. Estos movimientos están cambiando al mundo.

¿Quiere formar parte de esta gran causa? Imagínese en el aposento alto con las 120 personas que se reunieron en el

Pentecostés. Jesús le ha ordenado ir y hacer discípulos a las naciones. Ahí está usted con solo 120 personas. No tiene recursos, el conocimiento o el poder para hacer el trabajo.

¿Cómo sería alinear su vida al mandato de Cristo y unirse al movimiento misionero que algún día alcanzará a cada tribu, lenguaje, persona y nación? ¿Estar involucrado en contemplar a millones de personas haciendo de Jesucristo el Señor de sus vidas? ¿Qué necesita cambiar en usted? ¿Qué necesita hacer diferente? ¿Con quién emprendería el viaje?

Un día, innumerables multitudes estarán delante del trono de Dios adorando al Cordero que fue inmolado. El reino de este mundo se convertirá en el reino de nuestro Señor y de su Cristo, y él reinará por siempre y para siempre.

Así es como terminará esta historia. ¿Qué papel jugará usted?

LECTURAS RECOMENDADAS SOBRE MOVIMIENTOS

Bíblico/Misiológico

Allen, Roland. *Missionary Methods: St. Paul's Or Ours?* 4th ed. London: World Dominion Press, 1912.

_____. *The Spontaneous Expansion of the Church: And the Causes That Hinder It.* London: World Dominion Press, 1927.

Hooft, W.A. Visser. *The Renewal of the Church: The Dale Lectures.* Delivered at Mansfield College, Oxford, October 1955. London, SCM Press, 1956.

Schnabel, Eckhard J. *Early Christian Mission: Jesus and the Twelve*, vol. I. Downers Grove, IL: IVP Academic, 2004.

_____. *Early Christian Mission: Paul and the Early Church*, vol. II. Downers Grove, IL: IVP Academic, 2004.

_____. *Paul the Missionary: Realities, Strategies and Methods.* Downers Grove, IL: IVP Academic, 2008.

Winter, Ralph, and Steven Hawthorne. *Perspectives on the World Christian Movement*: A Reader. Milton Keynes, UK: Paternoster Press, 2009.

Winter, Ralph D. *The Unfolding Drama of the Christian Movement.* Pasadena, CA: Institute of International Studies, 1979.

Histórico

Anderson, Allan. *Spreading Fires: The Missionary Nature of Early Pentecostalism*. Maryknoll, NY: Orbis, 2007.

Cahill, Thomas. *How the Irish Saved Civilization: The Untold Story of Ireland's Heroic Role From the Fall of Rome to the Rise of Medieval Europe*. New York: Doubleday, 1995.

Heitzenrater, Richard P. *Wesley and the People Called Methodists*. Nashville, TN: Abingdon Press, 1994.

Hutton, J. E. *A History of the Moravian Church*. 2nd ed. London: Moravian Publication Office, 1909.

Lewis, Arthur James. *Zinzendorf, the Ecumenical Pioneer: A Study in the Moravian Contribution to Christian Mission and Unity*. Philadelphia: Westminster, 1962.

Pierson, Paul E. *The Dynamics of Christian Mission: History Through a Missiological Perspective*. Pasadena, CA: William Carey International University Press, 2008.

Pollock, John Charles. *A Cambridge Movement*. London: John Murray, 1953.

Snyder, Howard A. *Signs of the Spirit: How God Reshapes the Church*. Grand Rapids: Academie Books, 1989.

Sociológico

Finke, Roger. "Innovative Returns to Tradition: Using Core Teachings as the Foundation for Innovative Accomodation." Journal for the Scientific Study of Religion 43:1, (2004): 19-34.

Finke, Roger, and Rodney Stark. *The Churching of America, 1776-1990: Winners and Losers in Our Religious Economy*. New Brunswick, NJ: Rutgers University Press, 1992.

Gerlach, Luther P., and Virgina H. Hine. *People, Power, Change: Movements of Social Transformation*. Indianapolis: Bobbs Merrill, 1970.

Kelley, Dean M. *Why Conservative Churches Are Growing: A Study in Sociology of Religion*. San Francisco: HarperCollins, 1972.

Kuhn, Thomas S. *The Structure of Scientific Revolutions*. 2nd ed. Chicago: University of Chicago Press, 1970.

Stark, Rodney. *The Rise of Christianity: A Sociologist Reconsiders History*. Princeton, NJ: Princeton University Press, 1996.

_____. *Cities of God: The Real Story of How Christianity Became an Urban Movement and Conquered Rome*. San Francisco: HarperSanFrancisco, 2006.

Organizacional

Adizes, Ichak. *Corporate Lifecycles: How and Why Corporations Grow and Die and What to Do About It*. 4th ed. Englewood Cliffs, NJ: Prentice Hall, 1998.

_____. *Managing Corporate Lifecycles*. Paramus, NJ: Prentice Hall Press, 1999.

Barabasi, Albert-Laszlo. *Linked: How Everything is Connected to Everything Else and What it Means*. New York: Plume, 2003.

Brafman, Ori, and Rod A. Beckstrom. *The Starfish and the Spider: The Unstoppable Power of Leaderless Organizations*. New York: Portfolio, 2006.

Collins, Jim. *Good to Great: Why Some Companies Make the Leap... and Others Don't*. New York: Harper Collins, 2001.

_____. *Good to Great and the Social Sectors: A Monograph to Accompany Good to Great*. London: Random House, 2006.

Collins, Jim, and Jerry I. Porras. *Built to Last: Successful Habits of Visionary Companies*. London: Century, 1994.

Godin, Seth. *Tribes: We Need You to Lead Us*. New York: Penguin, 2008.

Contemporáneo

Cole, Neil. *Organic Church: Growing Faith Where Life Happens*. San Francisco: Jossey-Bass, 2005.

Garrison, David. *Church Planting Movements: How God is Redeeming a Lost World*. Midlothian, VA: WIGTake Resources, 2004.

Gupta, Paul R., and Sherwood G. Lingenfelter. *Breaking Tradition to Accomplish Vision: Training Leaders for a Church-Planting Movement: A Case From India*. Winona Lake, Ind.: BMH Books, 2006.

Hirsch, Alan. *The Forgotten Ways: Reactivating the Missional Church.* Grand Rapids: Brazos Press, 2007.

Jenkins, Philip. *The Next Christendom: The Coming of Global Christianity.* New York: Oxford University Press, 2002.

Logan, Robert E. *Be Fruitful and Multiply.* Carol Stream, IL: Churchsmart Resources, 2006.

McClung, Floyd. *You See Bones, I See an Army: Changing the Way We Do Church.* Eastbourne, UK: David C. Cook, 2007.

Moore, Ralph. *How to Multiply Your Church: The Most Effective Way to Grow.* Ventura, CA: Regal, forthcoming.

Roberts, Bob, Jr. *The Multiplying Church: The New Math for Starting New Churches.* Grand Rapids, MI: Zondervan, 2008.

Schwarz, Christian A. *Color Your World With Natural Church Development: Experiencing All That God Has Designed You To Be.* Carol Stream, IL: Churchsmart Resources, 2005.

NOTAS

Patricio

1. Ver Philip Freeman, *San Patrick of Ireland: A Biography* (New York: Simon & Schuster, 2005), p. xi.
2. Patrick, *Confessions*, Catholic Information Network, 1996, accesado en marzo 15, 2009 en <http://www.cin.org/patrick.html>.
3. Philip Jenkins ha escrito un excelente reporte sobre la extensión del cristianismo en el Medio Oriente, África y Asia. El cristianismo sí se extendió más allá de las fronteras del imperio romano. Pero esto sucedió a pesar de la falta de celo misionero dentro del imperio, no porque lo hubiera. Vea Philip Jenkins, *The Lost History of Christianity: The Thousand-Year Golden Age of the Church in the Middle East, Africa, and Asia—And How it Died* (New York: HarperOne, 2008).
4. Freeman, *St. Patrick of Ireland*, 75.
5. Thomas Cahill, *How the Irish Saved Civilization: The Untold Story of Ireland's Heroic Role From the Fall of Rome to the Rise of Medieval Europe* (New York: Doubleday, 1995), 128.
6. Kathleen Hughes cuestiona si la posición de Patricio como obispo misionero fue alguna vez sancionada oficialmente. El comienza su carta a Coroticus: "[Yo] me declaro a mí mismo como obispo. Con la mayor seguridad creo que lo que soy lo he recibido de Dios". Vea Kathleen Hughes, *The Church in Early Irish Society* (Ithaca, NY: Cornell University Press, 1966), 34-35.
7. Freeman, *St. Patrick of Ireland*, 141.
8. Ver Stephen Neill, *A History of Christian Missions, The Pelican History of the Church* (Harmondsworth, U.K.: Penguin Books, 1964), 57.
9. Freeman, *St. Patrick of Ireland*, 82.

10 John T. McNeill, *The Celtic Churches: a History A.D. 200 to 1200* (Chicago: University of Chicago Press, 1974), 70, 80

11 Richard Fletcher, *The Conversion of Europe: From Paganism to Christianity, 371-1386 A.D.* (London: Fontana, 1997), p. 91.

12 Ver Kenneth Scott Latourette, A History of Christianity, Vol. I, Beginnings to 1500, revised ed. Foreword and Supplemental Bibliographies by Ralph D. Winter (New York: Harper and Row, 1975), p. 102.

13 Ver McNeill, *The Celtic Churches*, pp. 192, 224.

14 McNeill comenta, "La completa libertad de superiores más allá de sus propias comunidades en el campo misionero los hizo adaptables a las necesidades y oportunidades locales. Ellos enlistaron sin dudar a francos y otros jóvenes alemanes quienes, trabajando armoniosamente entre ellos, hicieron que el cristianismo fuese indígena y que se autoperpetuara". McNeill, *The Celtic Churches*, p. 175. Vea también pp. 155-56, sobre autonomía en el campo misionero.

15 Cahill, *How the Irish Saved Civilization*, p. 155.

16 Ibid., 194-96. Ver también John T. McNeill, *The Celtic Churches*, 155; y Kenneth Scott Latourette, *A History of the Expansion of Christianity, Vol. I, The First Five Centuries* (London: Eyre and Spottiswoode, 1938), 38.

Introducción: Por Qué Son Importantes Los Movimientos

1 *Dilaram* es una palabra farsi/persa para *paz*. Floyd cuenta la historia de Dilaram en Floyd McClung, *Living on the Devil's Doorstep: From Kabul to Amsterdam* (Seattle, YWAM Publishing, 1999).

2 Vea Eckhard J. Schnabel, Early Christian Mission: Jesus and the Twelve (Downers Grove: IVP, 2004), 95.

3 Vea Mateo 12:46-50 y Schnabel, *Jesus and the Twelve*, 1:355-56.

4 I. Howard Marshall, *New Testament Theology: Many Witnesses, One Gospel* (Downers Grove, Ill: IVP, 2004), pp. 34-37, 709-710.

5 Alan Hirsch, *The Forgotten Ways: Reactivating the Missional Church* (Grand Rapids, MI: Brazos Press, 2007), p. 82.

6   Following Schnabel, Jesus and the Twelve, 11-12.
7   Eckhard J. Schnabel, Paul the Missionary: Realities, Strategies and Methods (Downers Grove, IL: IVP Academic, 2008), 29.
8   *Carisma fundacional* es un término usado por las órdenes católicas religiosas para describir un don dado a una persona o grupo para entender y ejemplificar, con intensidad, un aspecto del evangelio.
9   Kenneth Scott Latourette, The Great Century in Europe and the United States of America A.D. 1800-A.D. 1914, A History of the Expansion of Christianity, Vol. IV (London: Eyre and Spottiswoode, 1941), 22, 26.
10 Paul E. Pierson, notas de clase magistral, "Historical Development of the Christian Movement" (Pasadena, Calif.: Fuller School of World Mission, 1988).
11 Ver 1 Corintios 1:18-2:5 y Schnabel, *Paul the Missionary*, pp. 356-82.

Capítulo 1: Una Fe Al Rojo Vivo

1   Para la importancia de Palabra, Espíritu y misión unidas en síntesis ver Stuart Piggin, *Spirit of a Nation: The Story of Australia's Christian Heritage* (Sydney: Strand, 2004), p. v.
2   Howard A. Snyder, *Signs of the Spirit: How God Reshapes the Church* (Grand Rapids: Academie Books, 1989), p. 154.
3   Colin A. Grant, "Europe's Moravians: A Pioneer Missionary Church," in *Perspectives on the World Christian Movement: A Reader*, ed. Ralph D. Winter and Steven C. Hawthorne (Pasadena, Calif.: William Carey Library, 1999), p. 276.
4   Ver Arthur James Lewis, *Zinzendorf, the Ecumenical Pioneer: A Study in the Moravian Contribution to Christian Mission and Unity* (Philadelphia: Westminster, 1962), p. 92.
5   Stephen Neill, *A History of Christian Missions* (Harmondsworth, U.K.: Penguin Books, 1964), 237, y Kenneth Scott Latourette, *A History of the Expansion of Christianity, Vol. 3: Three Centuries of Advance* (London: Eyre and Spottiswoode, 1938), pp. 47-48.
6   Lewis, *Zinzendorf, the Ecumenical Pioneer*, p. 73.
7   Vinson Synan, *The Holiness-Pentecostal Tradition: Charismatic*

      Movements in the Twentieth Century (Grand Rapids, MI: Eerdmans, 1997), p. 99.

8   Grant McClung, "Pentecostals: The Sequel," *Christianity Today*, April 2006, p. 29.

9   Philip Jenkins, *The Next Christendom: The Coming of Global Christianity* (New York: Oxford University Press, 2002), p. 2.

10   Para ejemplos ver Elizabeth E. Brusco, *The Reformation of Machismo: Evangelical Conversion and Gender in Columbia* (Austin, TX: University of Texas, 1995) y Donald E. Miller y Tetsunao Yamamori, *Global Pentecostalism: The New Face of Christian Social Engagement* (Berkeley: University of California Press, 2007).

11   Ver Joachim Jeremias, *New Testament Theology: The Proclamation of Jesus*, vol. I (London: SCM Press, 1971), pp. 64-66.

12   Ver Eckhard J. Schnabel, *Early Christian Mission*, vol 1, *Jesus and the Twelve* (Downers Grove, III.: IVP Academic, 2004), p. 273.

13   Ver Jenkins, *The Next Christendom*.

14   Lamin Sanneh, *Whose Religion is Christianity?: The Gospel Beyond the West* (Grand Rapids: Eerdmans, 2003), pp.14-15.

15   Jenkins, *The Next Christendom*, p. 123.

16   Martin Robinson, *Planting Mission-Shaped Churches Today* (Oxford: Monarch Books, 2006), p. 144.

Capítulo 2: Compromiso Con Una Causa

1   Victor Hugo, Histoire d'un Crime (History of a Crime) (escrito 1852, publicado 1877); accesado en mayo 26, 2009 en <http://en.wikiversity.org/wiki/Victor_Hugo_quote>

2   Parker J. Palmer, *Let Your Life Speak: Listening to the Voice of Your Vocation* (San Francisco: Jossey-Bass, 2000), p. 32.

3   Ver Dean M. Kelley, *Why Conservative Churches Are Growing: A Study in Sociology of Religion* (San Francisco: HarperCollins, 1972).

4   John Wesley, The Journal of John Wesley, January 13, 1738; accesado en marzo 24, 2004 en <http://www.ccel.org/ccel/wesley/journal.html>.

5   Ibid., May 24, 1738.

6   John Wesley, "Minutes of Several Conversations Between Rev.

John Wesley, A.M., and the Preachers in Connexion With Him," question 3, accesado en marzo 29, 2009 en <http://www.archive.org/stream/minutesofseveral00wesliala/minutesofseveral00wesliala_djvu.txt>

[7] John Wesley, citado en George G. Hunter, *To Spread the Power: Church Growth in the Wesleyan Spirit* (Nashville: Abingdon, 1987), p. 58.

[8] Howard A. Snyder, *The Radical Wesley and Patterns for Church Renewal* (Downers Grove Ill.: InterVarsity Press, 1980), p. 54.

[9] Ibid., p. 225.

[10] Wesley, *Journal*, August 2, 1763.

[11] Snyder, *The Radical Wesley*, p. 230.

[12] Ver Stephen Tomkins, *John Wesley: A Biography* (Grand Rapids: Eerdmans, 2003).

[13] Kelley, *Why Conservative Churches Are Growing*, p. 119.

[14] Ver Margaret J. Wheatley, *Leadership and the New Science: Learning About Organization From an Orderly Universe* (San Francisco: Berrett-Koehler Publishers, 1992, 1994), pp. 18-19.

[15] Ver Lawrence Cada, Raymond Fitz, Gertrude Foley, Thomas Giardino y Carol Lichtenberg, *Shaping the Coming Age of Religious Life* (New York: Seabury Press, 1979).

[16] Ver Roger Finke, "Innovative Returns to Tradition: Using Core Teachings as the Foundation for Innovative Accommodation," *Journal for the Scientific Study of Religion* 43, no. 1 (March 2004): 19-34.

[17] Ver Rosabeth Moss Kanter, *Commitment and Community: Communes and Utopias in Sociological Perspective* (Cambridge, Mass.: Harvard University Press, 1972).

[18] Jim Collins and Jerry I. Porras, *Built to Last: Successful Habits of Visionary Companies* (London: Century, 1994), 138-9.

[19] Ver Laurence R. Iannaccone, "Why Strict Churches Are Strong," *American Journal of Sociology* 99 (1994): 1180-1211.

[20] Rodney Stark, "How New Religions Succeed," en *The Future of New Religious Movements*, ed. David G. Bromley and Phillip E. Hammond (Mercer, GA: Mercer University Press, 1987), pp. 15-16.

[21] Christian Smith, *American Evangelicalism: Embattled and Thriving* (Chicago: University Of Chicago Press, 1998), p. 10.

22. Ver I. Howard Marshall, *New Testament Theology: Many Witnesses, One Gospel* (Downers Grove, Ill.: InterVarsity Press, 2004), pp. 184-206.
23. Ver Juan 10:10; Juan 8:12; Lucas 19:10.
24. Ver Mateo 10:34; Lucas 12:49; Mateo 10:35; Juan 9:39
25. Ver Gálatas 1:6-9, 1 Corintios 10:1-13, 2 Pedro 2:1, 1 Juan 2:18-27.
26. "Repent, Repent, Anglicans Urged," *The Age*, accesado en marzo 15, 2009 en <http://www.theage.com.au/news/national/repent-repent-anglicans-urged/2006/03/31/1143441339520.html (accessed March 15, 2009)>.
27. Ruth Powell and Kathy Jacka, *Moving Beyond Forty Years of Missing Generations*, NCLS Occasional Paper 10 (NCLS Research, January 2008); accesado en marzo 15, 2009 en <http://www.ncls.org.au/default.aspx?sitemapid=6269>.
28. Conversación con Colin Marshall, Director Nacional de Ministry Training Scheme, noviembre 26, 2005.

Capítulo 3: Relaciones Contagiosas

1. Origen, "Against Celsus," *Ante-Nicene Fathers*, accesado en marzo 13, 2009 en <http://www.ccel.org/ccel/schaff/anf04.toc.html>.
2. Rodney Stark, *The Rise of Christianity: A Sociologist Reconsiders History* (Princeton, N.J.: Princeton University Press, 1996), p. 3.
3. Ver Rodney Stark, *Cities of God: The Real Story of How Christianity Became an Urban Movement and Conquered Rome* (San Francisco: HarperSanFrancisco, 2006).
4. Stark, *The Rise of Christianity*, p. 208.
5. Rodney Stark, *One True God: Historical Consequences of Monotheism*, Princeton, N.J.: Princeton University Press, 2001), p. 51.
6. John Lofland y Rodney Stark, "Becoming a World-Saver: A Theory of Conversion to a Deviant Perspective," *American Sociological Review* 30, (1965): 862-875.
7. Ver Luther P. Gerlach y Virginia H. Hine, *People, Power, Change: Movements of Social Transformation*, (Indianapolis: Bobbs-Merrill, 1970), p. 97.
8. Ver Stark, *The Rise of Christianity*, pp. 20-22.

[9] Ibid., 20, 193.
[10] Stark, *Cities of God*, p. 3. Siguiendo a Arthur Darby Nock, *Conversion: The Old and the New in Religion From Alexander the Great to Augustine of Hippo* (Oxford: Claredon Press, 1933), pp. 12-13.
[11] Ver Gerlach and Hine, *People, Power, Change*, pp. 79-97.
[12] Ibid., p. 82.
[13] Lofland y Stark, "Becoming a World-Saver." Ver también David A. Snow, Louis A. Zurcher Jr., y Sheldon Ekland-Olson, "Social Networks and Social Movements: A Microstructural Approach to Differential Recruitment," *American Sociological Review* 45 (October 1980): pp. 787-801.
[14] Gerlach and Hine, People, Power, Change, 97. 18. Mark Granovetter, Getting a Job: A Study of Contacts and Careers (Chicago: University Of Chicago Press, 1995). 19. Malcolm Gladwell, The Tipping Point: How Little Things Can Make a Big Difference (London: Abacus, 2000), 51.
[15] Mark Granovetter, *Getting a Job: A Study of Contacts and Careers* (Chicago: University of Chicago Press, 1995).
[16] Malcolm Gladwell, *The Tipping Point: How Little Things Can Make a Big Difference* (London: Abacus, 2000), p. 51.
[17] Stark, "How New Religions Succeed," p. 23.
[18] Stark, *Rise of Christianity*, p. 20.
[19] Albert-Laszlo Barabasi, *Linked: How Everything Is Connected to Everything Else and What It Means* (New York: Plume, 2003), p. 30.
[20] Neil Cole, *Organic Church: Growing Faith Where Life Happens* (San Francisco: Jossey-Bass, 2005), p. 23.
[21] Ibid., 181.

Capítulo 4: Rápida Movilización

[1] Frank Baker, *From Wesley to Asbury: Studies in Early American Methodism* (Durham, N.C.: Duke University Press, 1976), p. 118. En esta sección me he valido de dos fuentes: Roger Finke and Rodney Stark, "How the Upstart Sects Won America 1776-1850," *Journal for the Scientific Study of Religion* 28, no. 1 (March

1989): 27-44; y Roger Finke and Rodney Stark, *The Churching of America, 1776-1990: Winners and Losers in Our Religious Economy* (New Brunswick, N.J.: Rutgers University Press, 1992).

[2] Ver John H. Wigger, *Taking Heaven by Storm: Methodism and the Rise of Popular Christianity in America* (Urbana: University of Illinois Press, 1998), pp. 3-4; y Kenneth Scott Latourette, *The Great Century in Europe and the United States of America A.D. 1800-A.D. 1914*, vol. 4 of *A History of the Expansion of Christianity* (London: Eyre and Spottiswoode, 1941), p. 190.

[3] Ver Latourette, The Great Century, p. 188.

[4] Wigger, Taking Heaven By Storm, pp. 21-22.

[5] Ibid., p. 11.

[6] Peter Cartwright, citado en Finke and Stark, "Upstart Sects," p. 38.

[7] Para el papel de las mujeres y los afroamericanos ver Nathan O. Hatch, "The Puzzle of American Methodism," *Church History* 63 (1994): 175-89, y Wigger, *Taking Heaven By Storm*, 123-72.

[8] Hatch, "The Puzzle of American Methodism," p. 178-179.

[9] Ibid., p. 179.

[10] Finke and Stark, "Upstart Sects," 42.

[11] Roland Allen, *The Spontaneous Expansion of the Church: And the Causes That Hinder It* (London: World Dominion Press, 1927), p. 126. Ver también Roland Allen, *Missionary Methods: St. Paul's Or Ours?* 4th ed. (London: World Dominion Press, 1912, 1956)

[12] Allen escribió, "El celo espontáneo es alarmante para ellos. Cuando la fe se expande espontáneamente, tanto el charlatán como el santo encuentran una oportunidad para adquirir influencia sobre los otros. Hombro con hombro junto a Pedro está Simón el mago. En el funcionamiento de una organización el hombre que es bienvenido y en casa es el hombre sencillo, mecánico y ordenado que se mantiene dentro de los límites. No solo el estafador sino también el santo inspirado es una dificultad. Él parece extravagante, excéntrico y con voluntad propia. Él es independiente y siempre está a punto de romper los métodos ordenados de la organización". Allen, *The Spontaneous Expansion*, 148.

[13] Jenkins, *The Next Christendom*, p. 53.

¹⁴ 17. Ibid., p. 137.
¹⁵ Schnabel coment que, "Es posible que los doce tuvieran una educación básica. No vinieron de la clase rural más baja sino de la clase media vocacional. Las familias piadosas que aseguraban de que sus hijos recibieran, como Jesús, una buena educación en lectura, escritura y memorización de grandes cantidades de escritura". Schnabel, *Early Christian Mission*, 1:278.
¹⁶ Ver Kung, Hans. *The Church* (Garden City, NY: Image Books, 1967), pp. 493-94.
¹⁷ Para viaje y ministerio con otros ver: Hechos 13:2,13; Hechos 15:36-40; Hechos 16:1,6; Hechos 18:18. Para referencia de compañeros de trabajo en cartas: 2 Cor. 1:1; Fil. 1:1; Fil. 2:19-30; Col. 4:7-14. Para envío de equipos en misión: 1 Cor. 4:17; 2 Cor. 9:3; Ef. 6:21-22; Fil. 2:19-30; Col. 4:7-9.
¹⁸ Las fuentes para esta sección incluyen conversaciones personales con Ralph Moore; Ralph Moore, *Let Go of the Ring: The Hope Chapel Story* (Honolulu: Straight Street Publishing, 2000) y Ralph Moore, *How to Multiply Your Church: The Most Effective Way to Grow God's Kingdom*, (Ventura, CA: Regal, forthcoming).

Capítulo 5: Métodos Adaptativos

¹ Por esta sección sobre William Carey estoy en deuda con Stephen Neill, *A History of Christian Missions, The Pelican History of the Church* (Harmondsworth, UK: Penguin Books, 1964), pp. 261-65.
² Collins y Porras, *Built to Last*, p. 84.
³ Peter F. Drucker, *Innovation and Entrepreneurship* (New York: HarperCollins, 1993), p. 192.
⁴ Ver Thomas F. O'Dea, "Five Dilemmas of the Institutionalization of Religion," *Journal for the Scientific Study of Religion* 1, no. 1 (October 1961): p. 32. Ver también Bryan R. Wilson, *The Social Dimensions of Sectarianism: Sects and New Religious Move- ments in Contemporary Society*, (Oxford: Clarendon Press, 1990), pp. 211-18.
⁵ Wilson, *Social Dimensions of Sectarianism*, p. 212.
⁶ Ver Eifion Evans, The Welsh Revival of 1904 (Bryntirion: Evangelical Press of Wales, 1969).

7 "What is Alpha?," accesado en marzo 7, 2009 en <http://uk.alpha.org>.
8 "Translation Statistics," accesado marzo 15, 2009 en <http://www.wycliffe.org>.
9 "About Us," accesado en marzo 23, 2009 en <www.storyrunners.com>.
10 Lamin Sanneh, *Whose Religion is Christianity?: The Gospel Beyond the West* (Grand Rapids: Eerdmans, 2003), p. 69.
11 See Jonathan J. Bonk, "The Defender of the Good News: Questioning Lamin Sanneh," *Christianity Today*, accesado en abril 9, 2009 en http://www.christianitytoday.com/ct/2003/october/35.112.html>.
12 Ver David A. Nadler and Mark B. Nadler, "The Success Syndrome: Why Established Market Leaders Usually Stumble—and What You Can Do to Prevent It," *Leader to Leader 7*, (Winter 1998): pp. 43-50.
13 Ver Collins y Porras, *Built to Last*.
14 Ver Schnabel, *Early Christian Mission*, 1:295.
15 Ver Birger Gerhardsson, *Origins of the Gospel Traditions* (London: SCM, 1979), pp. 67-77.
16 Ver Schnabel, *Early Christian Mission*, 1:242-47.
17 Ver Eckhard J. Schnabel, *Early Christian Mission, vol. 2, Paul and the Early Church* (Downers Grove, Ill.: IVP Academic, 2004), p. 1546.
18 Ver comentarios de Schnabel sobre 1 Corintios 9:19-23 in *Early Christian Mission*, 2:953-60.
19 Ibid., 1337.
20 Latourette, *A History of the Expansion of Christianity*, 1:165.
21 Ver David Garrison, *Church Planting Movements: How God Is Redeeming a Lost World* (Midlothian, Va.: WIGTake Resources, 2004). Ver también David Garrison, "Church Planting Movements" <http://churchplantingmovements.com/download.php>.

Conclusión: El Futuro Ya Está Aquí

1 David B. Barrett, Todd M. Johnson, and Peter F. Crossing, "Missiometrics 2008: Reality Checks for Christian World Communions," *International Bulletin of Missionary Research* 32:1, (January 2008): pp. 28-30.

2. Philip Jenkins, *God's Continent: Christianity, Islam, and Europe's Religious Crisis* (New York: Oxford University Press, 2009) 74-75, siguiendo a David B. Barrett, George T. Kurian, and Todd M. Johnson, *World Christian Encyclopedia: A Comparative Survey of Churches and Religions in the Modern World*, 2nd ed. (New York: Oxford University Press, 2001), pp. 12-15.
3. Jenkins, *God's Continent*, pp. 87-89.
4. Michael Luo, "Preaching the Word and Quoting the Voice," *New York Times*, February 26, 2006.
5. Ver Bob Roberts Jr., *The Multiplying Church: The New Math for Starting New Churches* (Grand Rapids, MI: Zondervan, 2008).

RECONOCIMIENTOS

Hace unos veinte años atrás comenzó mi fascinación por los movimientos, y desde ese entonces descubrí que mi llamado era el de impulsar movimientos de plantación de iglesias. Ha sido un largo y difícil camino hasta llegar al punto de estar preparado para escribir este libro —difícil, pero bueno. Dios es fiel, y en el transcurso ha puesto muchas personas en mi vida que me han ayudado a seguir adelante.

Agradezco a Peter Costello, Bill Hallam, Pete Fitzgerald, Nigel Barr, Rod Denton, Terry Walling, Rick Paynter, Bob Logan, Sam Metcalf, Andrew Herbert, Alan Hirsch, Craig Winkler, y Buck Rogers.

También doy gracias a Patrick Innes y Rod Smith, quienes estuvieron a mi lado en los días difíciles del 2007. También agradezco a Val Gresham, mi coach de escritura y editora; a David Phillips, quien vio el potencial de este proyecto; a Alister Cameron, quien administra mi blog. Finalmente, me gustaría agradecer a IVP por el permiso para hacer que este libro esté disponible en español.

Padre, gracias por tu ejemplo de liderazgo cristiano y, además, por el compromiso que tuviste con mamá hasta el final.

Michelle, tú eres mi único y verdadero amor. Siempre estuviste a mi lado y nunca dejaste de creer en el llamado de Dios para mi vida. Gracias.

Si ha disfrutado de *Movimientos que Cambian al Mundo*, acá tiene una muestra del próximo libro de Steve Addison en español:

Lo Que Jesús Comenzó: Uniéndose al Movimiento, Cam-biando al Mundo

Próximamente…

Para mantenerse informado visite
movements.net/espanol

EN EL PRINCIPIO ERA JESÚS

Sin Jesús no habría ningún movimiento cristiano. Pedro nunca se habría levantado ante miles de personas en el día de Pentecostés para proclamar que Dios se había revelado a sí mismo en ese Jesús de Nazaret, crucificado y resucitado. Nunca se habrían formado comunidades de discípulos en Damasco, Antioquía de Siria, Corinto, Éfeso, ni Roma.[1]

Muchas teorías buscan explicar el asombroso surgimiento de esta nueva fe. Pero solo una tiene sentido: Jesús es el fundador y el Señor viviente del movimiento que lleva su nombre.

El mundo nunca antes había visto nada como esto. Ya para el año 300 d.C., mucho antes de que el cristianismo se convirtiese en una religión favorecida, los cristianos conformaban alrededor del 10 por ciento de la población del Imperio Romano —de cinco a nueve millones de seguidores de Jesús.[2]

A medida que el cristianismo del primer siglo avanzaba hacia el occidente a través de Europa, también surgieron centros de fe florecientes en el norte de África, en el Medio Oriente, y en Asia central. Gran parte de lo que hoy denominamos el mundo islámico fue cristiano una vez. Existe evidencia fidedigna de que el apóstol Tomás estableció iglesias en el noreste y sur de India.[3] El coraje y la fe eran lo único que los apóstoles y otros misioneros necesitaban para llevar el evangelio por las rutas de comercio del mundo antiguo.[4]

Un movimiento misionero era algo completamente nuevo en la historia humana. Fuera de la fe de Israel, nadie creía en una sola religión universal o un solo Dios verdadero. No había misioneros ni conversiones. En un mundo sobre el cual reinaban muchos dioses, los dioses nuevos no remplazaban a los viejos; simplemente eran añadidos.

En contraste con las naciones paganas de alrededor, el judaísmo enseñaba que había un solo Dios quien es el Creador y Señor sobre todo. Él escogió a Israel para ser su testigo ante el mundo. Por medio de Israel las naciones serían atraídas a la salvación de Dios. En los "últimos días" o "tiempos finales" Dios enviaría a su sirviente, el Mesías, para traer salvación a las naciones. Los gentiles podrían ser aceptados dentro del pueblo de Dios si se convertían a la adoración de Yahvé, se circuncidaban y adoptaban la Ley Mosaica. Para convertirse, un gentil debía hacerse judío. Los gentiles se convertían (o por lo menos se volvían "temerosos de Dios") en las afueras de la sinagoga. Sin embargo, el judaísmo nunca se convirtió en un movimiento misionero. No había ningún esfuerzo organizado y sostenido de convertir a los gentiles a Yahvé.[5]

El movimiento cristiano era algo nuevo en la historia de la humanidad. El primer acto público de Jesús, registrado en tres Evangelios, fue el llamado que hizo a Simón, Andrés, Jacobo y Juan a dejar sus redes y unirse a su grupo de misioneros ambulantes. A partir de ese momento, les dijo, serían pescadores de hombres.

Jesús continúa dirigiendo el camino. Cada nueva generación de discípulos se sienta a los pies de Jesús y aprende de su ejemplo como fundador y Señor viviente del movimiento. Ningún movimiento que lleva su nombre puede levantarse por encima de su ejemplo y liderazgo. La misión de Jesús fue universal. No conocía límites. Nadie era excluido. No había extranjeros. No había fronteras. La misión era hasta los confines de la tierra y hasta el fin de la historia. Los primeros seguidores de Jesús estaban convencidos de que el perdón de pecados era posible para judíos y no-judíos, para los educados y para los bárbaros, para hombres y mujeres, para ricos y pobres —por medio de la fe en Jesús, el Mesías y Señor.

Los movimientos misioneros comunican a las personas la verdad acerca de Dios y de la salvación. Les enseñan a sus seguidores una nueva forma de vida acorde con esa verdad. El propósito de un movimiento misionero es que las personas acepten el mensaje, empiecen a seguir a Jesús, lo compartan con otros y formen nuevas comunidades de fe que colaboren en la expansión del evangelio.[6]

¿Cómo son los movimientos misioneros? ¿Qué hacen? Estas son las seis actividades a las cuales haremos referencia mientras examinamos el ministerio de Jesús, desde su comienzo en los Evangelios hasta su continuación por medio de sus seguidores en el libro de Hechos.

Seis actividades —lo suficientemente simples e interconectadas como para esquematizarlas en una servilleta; pero, lo suficientemente complejas y completas como para merecer toda la atención y devoción de todos los seguidores de Jesús a lo largo de la historia.

1. **Ven el propósito.** Los movimientos misioneros obedecen al llamado de Dios de unirse a su misión. Se someten al liderazgo de Jesús por medio del Espíritu Santo y el poder de su Palabra viviente. Son movidos con compasión hacia las personas perdidas y no descansan hasta que las buenas nuevas de salvación por medio de Jesucristo hayan sido proclamadas y existan comunidades de creyentes reunidas en todas partes del mundo.
2. **Se conectan con las personas.** Los movimientos cruzan las fronteras (geográficas, lingüísticas, culturales, sociales, económicas) para establecer contacto con los no-cristianos. Buscan personas abiertas que hayan sido preparadas por Dios.
3. **Comparten el evangelio.** Los movimientos comparten las buenas nuevas de Jesucristo, el Mesías y Salvador, por medio de la proclamación, la predicación, la enseñanza, y la instrucción. Equipan a nuevos discípulos para que sean el medio por el cual las buenas nuevas se difundan a lo largo de sus comunidades.
4. **Entrenan discípulos.** Los movimientos guían a las personas hacia le fe en Jesucristo (conversión, bautismo, don del Espíritu Santo) y les enseñan a obedecer lo que Jesús mandó, incluyendo el mandato de hacer discípulos de otras personas.
5. **Reúnen comunidades.** Los movimientos insertan a los nuevos creyentes en comunidades locales de seguidores

de Jesús (ofreciendo la Santa Cena, transformación de comportamiento, amor, sacrificio, y testimonio). Cada comunidad de discípulos es responsable de alcanzar a su región en profundidad y de contribuir con recursos financieros, oración y obreros que lleven el evangelio a las regiones no-alcanzadas.

6. **Multiplican obreros.** Los movimientos misioneros envían equipos apostólicos o misioneros móviles a campos nuevos y no-alcanzados para avanzar la propagación del evangelio.

El Cristianismo no prosperó en el mundo antiguo porque las condiciones sociales, económicas, religiosas y políticas eran adecuadas. La propagación del evangelio no era inevitable. El Cristianismo prosperó porque toda autoridad fue dada al Señor resucitado que ordenó a sus seguidores ir a todo el mundo y hacer discípulos. Su misión fue exitosa porque Jesús es Señor. Hasta el día de hoy, Jesús sigue dándonos el mandato de seguirle, y aún promete enseñarnos a pescar hombres, hacer discípulos y multiplicar comunidades de seguidores —en todas partes.

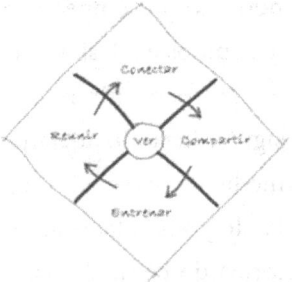

Los seis elementos del movimiento que Jesús empezó: ver el propósito; conectar con las personas; compartir el evangelio; entrenar discípulos; reunir comunidades; multiplicar obreros (representado en la X).

QUÉ ESPERAR

Este libro fue escrito para aquellas personas que quieren seguir a Jesús y permitir que él los entrene para ser parte de su movimiento. Cada persona tiene algo que hacer. El movimiento que Jesús fundó avanza porque todos somos llamados a relacionarnos con las personas que están lejos de Dios. Todos somos llamados a compartir nuestra historia y compartir la historia de Jesús, el evangelio. Todos podemos abrir las Escrituras y empezar a aprender juntos cómo seguir a Jesús en amorosa obediencia. Todos podemos formar comunidades de discípulos que se reúnen para adorar, aprender, amar, y dar testimonio. Todos podemos desempeñar nuestra función en la multiplicación de discípulos e iglesias, tanto localmente como en mundo entero.

Primero miraremos la misión de Jesús de Nazaret, y cómo siguió llevando adelante su misión como Señor resucitado por medio de sus seguidores —los doce y la iglesia primitiva, y luego Pablo y sus colaboradores. Mientras hacemos eso, veremos historias de cómo Jesús, en la actualidad, continúa obrando en todo el mundo por medio de su pueblo. Finalmente, haremos la pregunta más importante de todas —¿Cómo podemos responder a la invitación de Jesús de seguirle y permitir que nos enseñe cómo ser pescadores de hombres?

El ejemplo de Jesús por sí solo no es suficiente. Los discípulos llegaron a entender que sin su Espíritu, ninguno de nosotros tiene la capacidad de cumplir su mandato de llevar el evangelio hasta los confines de la tierra. Jesucristo, el Salvador del mundo que murió y resucitó —aunque ahora se encuentra exaltado a la diestra de Dios y posteriormente volverá en gloria para juzgar al mundo— también está presente por medio del Espíritu Santo, invitándonos a ser parte de la propagación del evangelio en todo el mundo.

Para mantenerse informado sobre el lanzamiento de Lo Que Jesús Comenzó visite
movements.net/espanol

STEVE ADDISON es un catalizador de movimientos que multiplican discípulos e iglesias por todo el mundo. Él es líder de misiones, autor, conferencista y mentor de pioneros.

Steve está casado con Michelle. Viven en Melbourne, Australia y tienen cuatro hijos y dos nietos. Michelle y Steve dirigen MOVE (movenetwork.org), una agencia misionera dedicada a entrenar y enviar obreros que multiplican discípulos e iglesias.

Para obtener recursos y entrenamientos en español, visite ningunlugarsinalcanzar.com

Para obtener los más recientes recursos, podcasts y entrenamientos en inglés, visite a Steve en **movements.net**

www.ingramcontent.com/pod-product-compliance
Lightning Source LLC
Chambersburg PA
CBHW011315080526
44587CB00024B/4004